思想筑梦
学生党员培教工程
团员团干引领工程
......

文化筑梦
专业文化育人工程
艺体文化育人工程
......

实践筑梦
创新创业活动教育
社会实践活动教育
......

筑梦东方

湖南农业大学东方科技学院
十六年学生工作探索与实践

邵　华　黄正军　张胜利　主编

光明日报出版社

图书在版编目（CIP）数据

筑梦东方：湖南农业大学东方科技学院十六年学生
工作探索与实践 / 邵华，黄正军，张胜利主编 . -- 北京：
光明日报出版社，2020. 3
ISBN 978 - 7 - 5194 - 4797 - 7

Ⅰ. ①筑… Ⅱ. ①邵…②黄…③张… Ⅲ. ①高等学
校—学生工作—研究—长沙 Ⅳ. ①G645. 5

中国版本图书馆 CIP 数据核字（2020）第 013009 号

筑梦东方：湖南农业大学东方科技学院十六年学生工作探索与实践
ZHUMENG DONGFANG：HUNAN NONGYE DAXUE DONGFANG KEJI
XUEYUAN SHILIUNIAN XUESHENG GONGZUO TANSUO YU SHIJIAN

主　　编：邵　华　黄正军　张胜利

责任编辑：陆希宇　　　　　　　责任校对：刘舒婷
封面设计：中联学林　　　　　　特约编辑：万　胜
责任印制：曹　净

出版发行：光明日报出版社
地　　址：北京市西城区永安路 106 号，100050
电　　话：010 - 63139890（咨询），010 - 63131930（邮购）
传　　真：010 - 63131930
网　　址：http：//book. gmw. cn
E - mail：luxiyu@ gmw. cn
法律顾问：北京德恒律师事务所龚柳方律师

印　　刷：三河市华东印刷有限公司
装　　订：三河市华东印刷有限公司
本书如有破损、缺页、装订错误，请与本社联系调换，电话：010 - 63131930

开　　本：170mm × 240mm
字　　数：181 千字　　　　　　印　　张：14
版　　次：2020 年 3 月第 1 版　　印　　次：2020 年 3 月第 1 次印刷
书　　号：ISBN 978 - 7 - 5194 - 4797 - 7
定　　价：58. 00 元

编委会

2012 年 9 月，中国工程院院士、杂交水稻之父袁隆平
寄语学院十周年院庆并题赠"筑梦东方"

序

当本书编委组将《筑梦东方——湖南农业大学东方科技学院十六年学生工作探索与实践》交与我，邀请我为之作序时，我着实感到为难，不仅因为我一直被繁重的工作和诸多的杂务缠身，更重要的是因为我对高校思想政治教育这一学科尚处在学习和探索之中，贸然而行只会落入班门弄斧、贻笑大方的境地，故只好婉言谢绝，推辞再三。但最终，我还是为邵华等同志的一片诚意所感动。我想，以湖南农业大学东方科技学院（以下简称"学院"）党委副书记、副院长邵华同志为代表的一批年轻的教育工作者，在认真完成好日常工作的同时，还能潜下心来展开深入总结和研究，并编撰成书，其精神实乃难能可贵，必须给予支持和鼓励。于是，我抱着学习的心态，静心通读书稿，并写下此篇读书心得，权以作序。

2016年12月7日至8日，习近平总书记在全国高校思想政治工作会议上发表重要讲话时强调，做好高校思想政治工作，要因事而化、因时而进、因势而新。这是对高校思想政治工作规律的高度凝练，也是对高校思想政治工作方法论的深刻总结，更是党和政府对新时代背景下高校推进思想政治教育工作提出的理念指导和原则要求，应深刻领会，自觉践行。

窃以为，要做到"因事而化"，首先要把握住"因大事而化"，即必须始终坚守我们工作的目的性和方向性，为"中国特色社会主义事业"培养人、教化人；其次要注重"因细事而化"，即不断增强工作的亲和力和针对性，关注、关心每一名学生，根据学生的"具体问题""现实困难"，运用马克思主义基本原理和中国化理论成果教育、感化学生。要做到"因时而进"，则不仅要求我们要把握好工作的时代性，根据"时代特征"更新、进步思想观念与理念思路，更要求我们强化工作的灵活性，根据"时代要求"改进措施、方法和手段。而要做到"因势而新"，我们就必须一方面掌握好工作的规律性，认清"当前形势"，遵循规律施教，另一方面突显工作的创新性，根据"发展趋势"，大胆革新创新。只有如此，方能赢在当下，更赢得未来。

十六年来，学院学工战线全面落实党的教育方针，牢记"立德树人"根本任务，坚守"筑梦东方"价值追求，引领学生将"个人成长成才梦"融入"民族伟大复兴中国梦"，围绕"思想筑梦、文化筑梦、实践筑梦"做了许多务实的工作，打造了一张具有自身特色的育人大名片。而在这张大名片中，许多具体思路和做法无不体现出"因事而化""因时而进"和"因势而新"。如在思想筑梦篇中，学院通过"全局统筹，突出特色""分层搭台，精准引领""主动占领，全面出击"等方法，对学生党员、团员团干、青年学生实施教育引导颇见成效，培养出了 CCTV 报道人物段振辉、省级优秀大学生党员艾媛巧等一大批优秀学生；文化筑梦篇中，学院打造出"专业文化节""成人礼""团支部风采大赛"等一系列活动品牌，学生文艺团队、文艺作品屡获国际国内大赛并产生了广泛的社会影响；实践筑梦篇中，学院创新创业活动教育由"单线引领"发展到"双线挺进"，社会实践活动教育从"打游击战"转变为"打攻坚战"，公益服务活动教育从"三月春风"升级为"人人公益"等，特色明显，实效突出……以上种种，正是学院学生工作生命力之体现，亦是该书精华之所在。

　　翻阅全书，实在应为学院学工战线在学院思想政治教育及整个人才培养中所做的工作点赞！实在应为十六年来在学院学工战线接续奋斗的同志们点赞！阅毕全书，可以窥见，学院不愧于"全国先进独立学院"光荣称号，不愧于在 2018 武书连全国独立学院排行榜上，位居"中国高水平独立学院"第 6 位。当然，成绩只能代表过去，望学院学工同人们能不忘初心、继续前进，谱写新的辉煌！

　　是为序。

2019 年 3 月于长沙

前　言

　　湖南农业大学东方科技学院（以下简称"学院"）创建于 2002 年，是由湖南农业大学举办、国家教育部首批确认的全日制本科独立学院。建校以来，学院秉承"励能、笃行、知新、致远"的院训，坚持应用型人才培养目标，改革创新，砥砺奋斗，办学实力不断提升，先后获得"全国先进独立学院""全国创建平安校园示范学校""全国素质教育示范院校""全国教育教学管理示范院校""湖南省高校先进基层党组织""湖南省普通高校毕业生就业工作优秀单位"等殊荣，现为中国独立学院协作会副理事长单位。

　　十六年来，学院学工战线在学院党委行政的正确领导下，牢牢把握"立德树人"的根本任务，着力助推学生成长成才，围绕大学生的思想引领、道德养成、素质拓展、能力提升等做了许多卓有成效的工作，其中许多经验做法和特色举措均值得全面梳理和总结，故而编撰此书，借以承前启后，继往开来，若能为兄弟高校或业内同仁提供一定参考，则深感荣幸之至。

　　全书共三章十九节，第一章围绕"思想筑梦"，重点介绍了学院学生党员培教工程、团员团干引领工程、心理健康教育工程、网络思政育人工程、学工队伍建设工程的具体做法及其主要成效；第二章聚焦"文化筑梦"，全面梳理了学院专业文化育人工程、艺体文化育人工程、典礼文化育人工程和社团文化育人工程的实施过程与实际效果；第三章紧扣"实践筑梦"，详细介绍了学院创新创业活动教育、社会实践活动教育、公益服务活动教育和就业实训活动教育的开展情况和育人实效。

全书由邵华、黄正军、张胜利任主编，邵华、张胜利负责提纲的拟定完善，邵华、黄正军修订统稿，具体分工为：第一章由言勇、朱佳、杨琳、梅向晖、汪子一、杨乔清、韩洁、李浩波、任菁、贺际强、赵文力、陈芬等编写，第二章由周笑妮、罗慧、曲臻、黄月飞、何学欢、任菁等编写，第三章由黄正军、陈斌编写。

学院十六年来的学生工作，凝聚了诸多同人的心血和汗水。借此出版之际，向周贤君、戴荣四、汪建训、覃红燕、陈钦华等领导致敬！向十六年来在学院学生工作一线接续奋斗的各位同人致敬！向一直以来关心支持学院学生工作的各位领导及兄弟高校的朋友表示衷心感谢！

由于水平有限和时间仓促，本书编撰中的诸多不足和疏漏之处，恳请读者和同人批评指正。

编　者

2019 年 3 月

目　录
CONTENTS

第三章　因势而新：实践筑梦提能力

第一章 01

因事而化：思想筑梦固根基

第一节　树人先立德

我国高等教育的根本任务在于"立德树人"。"树人"先"立德"，正所谓"育人为本，德育为先"。毫无疑问，高校应始终把德育放在育人工作的首位，把大学生政治素质、思想素质、道德素质、心理素质的提升作为人才培养的核心，而在这其中，高校学生工作战线责无旁贷。十六年来，湖南农业大学东方科技学院（以下简称"学院"）学工战线遵循"因事而化"的理念，围绕"培养中国特色社会主义事业的合格建设者和可靠接班人"这一"大事"，聚焦"大学生成长成才的现实诉求和具体问题"诸多"细事"，以"引领大学生形成正确的世界观、人生观、价值观"为主线，充分发挥第二课堂优势，逐步完善育人体系，着力优化工作方法，倾力助推思想育人工作，并取得了显著的工作成效。

一、习近平总书记有关思想育人的重要论述

十八大以来，习近平总书记通过考察高校、与青年代表座谈、给大学生回信、参加全国高校思想政治工作会议并发表重要讲话、参加全国教育大会并发表重要讲话等提出了有关"思想育人"的一系列重要论述，为当代我国高校加强和改进大学生思想政治教育工作提供了理论指导。

2013年5月4日，习近平总书记在同各界优秀青年代表座谈时指出："现在，青春是用来奋斗的；将来，青春是用来回忆的。人生之路，有坦途也有陡坡，有平川也有险滩，有直道也有弯路。青年面临的选择很多，关键是要以正确的世界观、人生观、价值观来指导自己的

选择。"

2014 年 5 月 4 日，习近平总书记在北京大学师生座谈会上强调："青年的价值取向决定了未来整个社会的价值取向，而青年又处在价值观形成和确立的时期，抓好这一时期的价值观养成十分重要。这就像穿衣服扣扣子一样，如果第一粒扣子扣错了，剩余的扣子都会扣错。人生的扣子从一开始就要扣好。"

2016 年 12 月 7 日，习近平总书记在全国高校思想政治工作会议上发表重要讲话。他强调："高校思想政治工作关系高校培养什么样的人、如何培养人以及为谁培养人这个根本问题。要坚持把立德树人作为中心环节，把思想政治工作贯穿教育教学全过程，实现全程育人、全方位育人，努力开创我国高等教育事业发展新局面。"

2018 年 9 月 10 日，习近平总书记在全国教育大会上强调："要在坚定理想信念上下功夫，教育引导学生树立共产主义远大理想和中国特色社会主义共同理想，增强学生的中国特色社会主义道路自信、理论自信、制度自信、文化自信，立志肩负起民族复兴的时代重任。要在厚植爱国主义情怀上下功夫，让爱国主义精神在学生心中牢牢扎根，教育引导学生热爱和拥护中国共产党，立志听党话、跟党走，立志扎根人民、

图 1-1　学院领导为毕业生授予学位

奉献国家。要在加强品德修养上下功夫，教育引导学生培育和践行社会主义核心价值观，踏踏实实修好品德，成为有大爱大德大情怀的人。"

图1-2 学院承办湖南省独立学院首次思想政治工作研讨会

资料：

习近平给华中农业大学"本禹志愿服务队"的回信①

"本禹志愿服务队"的同学们：

来信收悉。得知你们在徐本禹同志感召下，积极加入青年志愿者队伍，走进西部，走进社区，走进农村，用知识和爱心热情服务需要帮助的困难群众，坚持高扬理想、脚踏实地、甘于奉献，在服务他人、奉献社会中收获了成长和进步，找到了青春方向和人生目标，感到十分欣慰。值此中国青年志愿者行动实施20周年之际，我向你们以及全国广大青年志愿者，致以诚挚的问候和崇高的敬意！

当前，全国各族人民正在中国共产党领导下，全面贯彻党的十八大和十八届三中全会精神，满怀信心为实现中华民族伟大复兴的中国梦而奋斗。你们在信中表示，要勇敢肩负起历史赋予的责任，积极投身改革

---

① 习近平给华中农业大学"本禹志愿服务队"的回信 [EB/OL]. (2013-12-06).

发展伟大事业，奉献社会，服务人民，说得很好。

历史和现实都告诉我们，青年一代有理想、有担当，国家就有前途，民族就有希望，实现中华民族伟大复兴就有源源不断的强大力量。希望你们弘扬奉献、友爱、互助、进步的志愿精神，坚持与祖国同行、为人民奉献，以青春梦想、用实际行动为实现中国梦作出新的更大贡献。

习近平

2013 年 12 月 5 日

二、高校学生工作中的思想育人

思想育人是一项系统工作，对高校学工战线而言，自身责任在哪？重点要做好哪些工作？十六年来，学院学工战线主要从以下 2 个文件加以了把握。

首先，2004 年中共中央、国务院发布的《关于进一步加强和改进大学生思想政治教育的意见》（中发〔2004〕16 号）。文件指出，加强和改进大学生思想政治教育的主要任务，一是以理想信念教育为核心，深入进行树立正确的世界观、人生观和价值观教育；二是以爱国主义教育为重点，深入进行弘扬和培育民族精神教育；三是以基本道德规范为基础，深入进行公民道德教育；四是以大学生全面发展为目标，深入进行素质教育。要深入开展社会实践，大力建设校园文化，主动占领网络思想政治教育新阵地，开展深入细致的思想政治工作和心理健康教育，努力解决大学生的实际问题；要充分发挥党团组织、学生组织在大学生思想政治教育中的重要作用；要依托班级、社团等组织形式，引领学生自我教育、自我管理和自我服务；要采取有力措施，着力建设一支高水平的辅导员、班主任队伍。

图 1 - 3 母体学校领导检阅军训学生

图 1 - 4 学院召开大学生教育研讨会

其次，2017 年中共中央、国务院印发的《关于加强和改进新形势下高校思想政治工作的意见》（中发〔2016〕31 号）。文件强调，新形势下高校思想政治工作要坚持指导思想，深入学习贯彻习近平总书记系列重要讲话精神和治国理政新理念新思想新战略，全面贯彻党的教育方针，坚持社会主义办学方向，扎根中国大地办大学，以立德树人为根本，以理想信念教育为核心，以社会主义核心价值观为引领，切实抓好各方面基础性建设和基础性工作；要坚持基本原则，坚持党对高校的领导，坚持社会主义办学方向，坚持全员全过程全方位育人，坚持遵循教育规律，坚持改革创新；要强化思想理论教育和价值引领，把理想信念教育放在首位，培育和践行社会主义核心价值观，弘扬中华优秀传统文化和革命文化、社会主义先进文化；要加强对课堂教学和各类思想文化阵地的建设管理，加强教师队伍和专门力量建设，推进高校思想政治工作的改革创新。

案例：

严管理为学生立根本①

"爱在细微处，严在当严时"，学院党委书记朱翠英教授经常这样引导老师、教导学生。学院注重给学生营造良好、宽松的学习、生活环境，同时开展严格的校级法规教育，从学生成人做起，引导学生正确地为人处世，关心每一位学生的成长。

清晨，教室里琅琅的晨读声传达着东方学子只争朝夕的学习精神，每周民主生活会上精彩的主持、激情的演讲、热烈的辩论，展示着东方学子胸怀祖国的远大志向，学院把育人管理工作充分渗透、融入到学生的日常学习与活动中，树立良好的校风和学风。学院长期坚持辅导员听课、住寝室制度，严抓"上课出勤率、大学英语四级率、计算机过级率、考研率、补考率"等，充分调动学生学习积极性，取得了良好的效果。"一屋不扫、何以扫天下"，学院注重对学生"从自己做起、从小事做起"责任意识的培育，通过寝室卫生检查、寝室设计大赛、楼

---

① 刘飞，裴昌胜．"东方"韵出学子别样风采［N］. 中国教育报，2016 – 06 – 28（4）.

层保卫值班制等强化学生的责任感。同时学院通过多种社团文化、团干培训、志愿者活动等，增强学生的爱国主义、集体主义、社会主义观念，提高了社会公德、职业道德、家庭美德，进一步确立了正确的世界观、人生观、价值观，促使大学生成人。

三颗心育健康花朵①

不可否认，学业的优秀是学生得到认可的硬性指标，但是缺乏健康心灵的成绩优异学生如同一把双刃剑。东方科技学院切实在学生的学业功底、个性特点等方面，以立德为本，全面育人。让学生通过世界观、人生观、价值观的"三观"培育引领人生航向；通过爱国主义、集体主义、社会主义的"三义"教育坚定理想信念；通过对社会献爱心、对父母献孝心、对同学献诚心的三心奉献构建和谐心灵。学院的三心服务把学院学子浇灌成了朵朵健康花朵。

多年来，东方科技学院学生们在爱国、爱家、爱人的不同领域谱写着一曲曲动人旋律，在各类义工实践、征文、演讲等比赛中获得数十项奖励。为西南旱灾区、玉树地震灾区积极筹集捐款；当学生生病的时候，他们捐资、集资，曾经因为得白血病而收到学院师生捐款的2006级学生熊雅萍，康复回校学习并考取了湖南师范大学研究生，她说是老师、同学和父母的爱心让她坚持了下来，也是这份爱一直激励着她朝下一个目标努力。

东方科技学院的大学生心理健康教育课程让众多人获益匪浅，不仅有学生们通过大学生心理健康节、心灵角、爱心传递、心理活动周活动，心理知识讲座和培训，朋辈心理咨询等方式，实现了心理"自助"

---

① 刘飞，裴昌胜. "东方"韵出学子别样风采［N］. 中国教育报，2016－06－28（4）.

与"助人"协调统合。还有学生和家长代表们积极参与的"亲子关系"讨论，学生和家长在老师的引导下倾诉自己的心里话，论坛结束时，不少的家长与学生流泪相拥，会心而笑。学院以积极心理学思想为指导，构建的"以课堂教学为主阵地，以心理辅导与咨询、心理测评为手段的立体交叉式"的适合学生特点的心理健康教育新模式，如愿达到"以学生为本，以教育与发展为核心"的心理健康教育理念。现已被中南大学录取为研究生的2011届毕业生小林，就是因为得到朱翠英教授的指点才"找到了前进的方向，学什么都有干劲"，一路奋起直追，终获成功。

三、学院学工战线思想育人的整体构架

2016年12月7日至8日，全国高校思想政治工作会议在京召开。习近平出席会议并发表了重要讲话。他强调，高校思想政治工作关系高校培养什么样的人、如何培养人以及为谁人这个根本问题。要坚持把立德树人作为中心环节，把思想政治工作贯穿教育教学全过程，实现全程育人、全方位育人，努力开创我国高等教育事业发展新局面。高校立身之本在于立德树人，办好我国高校，必须牢牢抓住全面提高人才培养能力这个核心点。

首先，要做好"培养人"的工作。

一是做好"为谁培养人"，即为人民服务，为中国共产党治国理政服务，为巩固和发展中国特色社会主义制度服务，为改革开放和社会主义现代化建设服务；二是做好"如何培养人"，即坚持不懈传播马克思主义科学理论，坚持不懈培育和弘扬社会主义核心价值观，坚持不懈促进高校和谐稳定，坚持不懈培育优良校风和学风；三是做好"培养什么样的人"，即正确认识世界和中国发展大势，正确认识中国特色和国际比较，正确认识时代责任和历史使命，正确认识远大抱负和脚踏

实地。

其次，要坚持党的领导。

一是党委要保证高校正确办学方向，掌握高校思想政治工作主导权，保证高校始终成为培养社会主义事业建设者和接班人的坚强阵地。

二是各级党委要把高校思想政治工作摆在重要位置，加强领导和指导，形成党委统一领导、各部门各方面齐抓共管的工作格局。

三是各地党委书记和有关部门党组书记要多到高校走走，多同师生接触，多次去高校作报告，回答师生关注的理论和现实问题。

四是要加强同高校知识分子的联系，多关心、多交流、多鼓励，善交朋友、广交朋友、深交朋友，多听他们的意见，真听他们的意见。

再者，要做好思想政治工作。

一是要遵循思想政治工作规律，遵循教书育人规律，遵循学生成长规律，不断提高工作能力和水平。

二是要用好课堂教学这个主渠道，思想政治理论课要坚持在改进中加强，提升思想政治教育亲和力和针对性，满足学生成长发展需求和期待，其他各门课都要守好一段渠、种好责任田，使各类课程与思想政治理论课同向同行，形成协同效应。

三是要加快构建中国特色哲学社会科学学科体系和教材体系，推出更多高水平教材，创新学术话语体系，建立科学权威、公开透明的哲学社会科学成果评价体系，努力构建全方位、全领域、全要素的哲学社会科学体系。

四是要更加注重以文化人、以文育人，广泛开展文明校园创建，开展形式多样、健康向上、格调高雅的校园文化活动，广泛开展各类社会实践。

五是要运用新媒体新技术使工作活起来，推动思想政治工作传统优势同信息技术高度融合，增强时代感和吸引力。

通过长期的摸索与实践，学院学工战线形成以学生党员培教工程、团员团干引领工程、心理健康关爱工程、网络思政育人工程和学工队伍建设工程为主要内容的思想育人体系，整体构架如图1-5所示。

图1-5 学院学工战线思想育人体系构架

其中，学生党员培教工程重在增强学生党员的政治素质和服务能力，由学院学生工作部牵头组织实施；团员团干引领工程重在增强团员团干的团员意识和理想信念，由学院团委牵头组织实施；心理健康关爱工程重在增强青年学生心理素质和及时帮助"心疾学生"，由学院心理健康教育中心牵头组织实施；网络思政教育工程重在引领网络正能量、传播网络"好声音"，由学院学生工作部牵头组织实施；学工队伍建设工程旨在全面提升学生工作队伍的师德师风和服务能力，由学院学生工作部牵头组织实施。

第二节　学生党员培教工程

高校学生党员是大学生中的骨干分子，学生党员队伍建设是高校党建的基础工程。做好学生党员发展和教育管理工作，对于培养中国特色社会主义事业合格建设者和可靠接班人，实现中华民族伟大复兴的中国梦，具有重大而深远的意义。党中央历来将大学生党建放在十分重要的战略位置。2003 年召开的第十二次全国党建工作会议将大学生党员发展工作作为了大会主题，2013 年中组部、中宣部、教育部党组就大学生党建工作专门下发了《关于进一步加强高校学生党员发展和教育管理服务工作的若干意见》，2017 年教育部党组又印发了《普通高等学校学生党建工作标准》，为新时期高校学生党建工作指明了总规程。

一、全局统筹，突显特色

多年来，在学院党委的领导下，学院学工战线找准自身定位，明确主要任务，坚持"全局统筹，突显特色"的原则，以提升政治素质和服务能力为目标，持续开展了内容丰富、形式多样的大学生党员培养教育活动。

发展至今，学院学工系统"学生党员培教工程"的内容体系如图 1－6 所示。

图 1－6　学院学工战线学生党员培教工程内容体系

其中，理论学习层面，由学院学生工作部利用党校、专题学习班、网络学习资源、"三会一课"等平台，对入党积极分子、发展对象、预备党员和正式党员全面实施理论教育，由各学部党总支、党支部具体落实；实践教育层面，充分发挥学部党总支、基层党支部的能动性和创造性，依据自身实际开发特色项目，由学院学生工作部考核评估。

图1-7　人文学部"雷锋侠"党员服务活动

图1-8　经管学部支部专业技能大比拼活动现场

二、"四个一"先锋计划

"四个一"先锋计划是学院理工学部党总支 2010 年创办的党员培教特色项目，主要参与对象主要为学部中共正式党员。

"四个一"先锋计划的具体做法是：坚持在各学生党支部开展"月读一书，思想争先""周行一善，工作争先""日助一人，服务争先""期评一次，业绩争先"活动。

图 1-9　学生党员读书交流会　　　图 1-10　学生党员义务献血现场

活动受到了广大学生党员的热烈欢迎，每年每名党员至少参与 1 次义务献血、10 次公益活动、帮助 1 名同学成了一种自觉；支部组织生活充满活力，每学期坚持 5 次读书交流会、1 次团队服务活动、1 次民主生活会。2011 年，该计划获评全省高校"党建工作创新奖"。2014 年，"四个一"先锋计划荣获第三届"全国民办高校党的建设和思想政治工作优秀成果"一等奖，并在学院各学生党支部全面推广。

活动有效地促进了学生党员的发展进步和支部战斗堡垒作用的发挥。各年度学生党员参评并荣获各类奖学金的比例均达 90% 以上，英语四级过级率达 98%，考研比例则高达 85% 以上，2017 届英语专业学生党支部毕业生党员全部考取硕士研究生；涌现出院级优秀大学生党员

271 人，校级优秀学生党员 101 人，湖南省"百佳"大学生党员 6 人。

资料：

《普通高等学校学生党建工作标准》主要精神①

2017 年 2 月 28 日，教育部党组印发《普通高等学校学生党建工作标准》，为高校新时期推进学生党建工作提供了指引，其主要精神如下。

1. 领导体制：党委统一领导，组织部门牵头抓总，学工、宣传、共青团、党校、教务、人事等部门协同配合，院（系）党组织负责实施、学生党支部具体落实。

2. 工作机制：坚持以"两学一做"为基本内容，以"三会一课"为基本制度，以党支部为基本单位，形成学生党建工作常态化长效化机制。

3. 学生党支部设置：做到哪里有学生党员哪里就有学生党组织，哪里有党组织哪里就有健全的组织生活和党组织作用的充分发挥。支委会任期两年或三年，按期换届。支部党员一般在 30 人以内。

4. 学生党建工作队伍建设：选优配强支部书记和支委、专兼职组织员。定期开展专题培训。

5. 入党积极分子培养：确定程序规范，采取党员推荐、群团组织推优。入党积极分子参加党校学习、开展集中培训。每半年进行一次考察、作一次培养状况分析。

6. 发展对象培养：严格落实入党积极分子一年以上培养考察，为每一名发展对象确定两名正式党员作为入党介绍人，对发展对象应进行

---

① 中华人民共和国教育部. 中共教育部党组关于印发《普通高等学校学生党建工作标准》的通知 [EB/OL]. (2017－03－10).

不少于 3 天（或 24 小时）短期集中培训。

7. 预备党员教育：对预备党员进行系统教育和综合考察，重点考察预备期的思想政治表现、个人党性分析和学习工作情况。严格执行预备党员转正的组织程序和要求。

8. 党员继续教育：党员每年集中培训时间一般不少于 32 个学时。认真开展党员经常性教育，增强"四个意识"，坚定"四个自信"。

9. 党员教育方式载体：构建以校、院党校为主体、基层组织专题学习为重点、网络学习教育为辅助、主题教育实践为支撑的多层次、多渠道的学生党员经常性学习教育体系。

10. 发展原则：控制总量、优化结构、提高质量、发挥作用，坚持党章规定的党员标准。坚持慎重发展、均衡发展，成熟一个，发展一个。

11. 发展程序：认真落实培养、预审、公示、谈话、审批和接收、转正等程序及要求。支部大会程序规范，参会人数符合要求，党组织评定意见严谨规范、填写及时。

12. 发展质量：强化发展质量，严把发展关口，严格政治审查，深入考察发展对象的入党动机是否端正，把综合素质作为发展学生党员的重要考察内容。

13. 党内组织生活：坚持"三会一课"制度，党员必须参加党员大会、党小组会和上党课，党支部定期召开支部委员会会议。坚持民主评议制度，深入开展批评与自我批评。

14. 党员日常管理：严格执行学生党员党组织关系接转规定，严格落实党费收缴、使用和管理工作，及时稳妥处置不合格党员，及时处分违纪党员。

15. 党员权利保障：建立健全党内激励、关怀与帮扶机制。搭建务实管用、灵活多样、特色鲜明的服务学生党员载体。尊重学生党员的主体地位，保障党员民主权利。

16. 党组织作用发挥：校、院（系）党组织主体作用发挥突出，落实"四个合格"目标要求坚决有力，有效开展学习型、服务型、创新型党组织创建。

17. 党员作用发挥：党员先锋模范作用发挥充分，严格遵守党章与党纪党规；带头践行社会主义核心价值观，带头落实"四个合格"目标要求。

18. 制度保障："三会一课"、组织生活会、谈心谈话、民主评议党员和学生党组织工作考评等制度的全面落实。学生党员发展质量跟踪评价机制健全。

19. 经费保障：学生党建工作纳入学校年度经费预算，党校办学经费满足需要。学生党支部活动经费按照不低于上级党组织规定的标准落实到位。

20. 平台建设：建立党建信息化平台，学生党建工作有相对固定的活动场所和设施。

三、"党团共建"行动

"党团共建"行动是学院生命科学学部党总支与团总支联合开发的团员、党员长效培教项目，其参与对象覆盖入党积极分子、发展对象、预备党员、正式党员以及全体共青团员。

"党团共建"行动主要做法在于依托学部"人人公益"在各地建设的实践基地，将党支部建设与团支部建设结合起来，动员学生党员带领广大共青团员积极投身公益服务，在公益实践中培育发展对象、修养党员党性、提升党员服务意识和能力。

"党团共建"行动自2014年实施以来，学部与汨罗市团委、长沙市芙蓉区残疾人联合会、长沙市杉木小学等共同举办了"我陪留守儿童过六一""失依儿童暖冬行""'1230'盲人读书分享会""牵手六一，爱助明珠"等多场主题公益活动；各学生党支部按照每月100元的标准资助了2名汨罗山村的贫困儿童，这其中既有支部被评为校级先进党支部的奖金，也有支部党员通过打工等筹集的资金；共计216名党员坚持参加各项公益活动。学生第四党支部于2017年被学校推荐参加全国"两学一做"支部风采展示；田鹏同志获评为湖南省"百佳"大学生党员。学生第四党支部副书记李一沛同学的《大手牵小手——让交通知识驻心间》志愿服务项目成功立项中国青年基金会百团志愿服务项目；姚午阳同学的《我是你的眼——助盲公益新主播》成功立项湖南省2017年德育实践项目。

图1-11　生科学部党员团员代表在汨罗资助贫困生活动、
慰问留守儿童家庭活动现场

学院"党团共建"行动引起社会的强烈反响，《中国青年报》《中国教育报》《湖南日报》、人民网、新华网、中国共青团网等主流媒体先后予以报道。

案例：

湖南农业大学"1230"盲人读书分享会开播①

"午间小憩，我为你带来一米阳光；陪你读书，分享书记带来的乐趣。亲爱的家人们，这里是湘农东方生科青志协'1230 读书分享会'第一期活动……"12 月 20 日中午，由湖南农业大学东方科技学院生命科学学部举办的"1230 盲人读书分享会"正在进行。

读书分享会是以微信群为平台，听众是一些患有眼疾或行动不便的残疾朋友。今天是读书分享会的主讲人由生命科学学部学工副主任陈芬老师担任。她一手点击手机微信上的语音录制按钮，一手翻动用来分享的书籍，用抑扬顿挫的声音将一个个故事徐徐道来。约四十分钟时间，她完成了第一期的录音播放，约三十余条语音。

录音播放结束后，微信群里顿时炸开了锅。微信名为"小草"的残友表示："只要有书听，就是一种精神享受。这次活动是一次享受文字艺术的过程。以后一定会准时参与聆听。"

"盲人朋友和一些残疾人朋友出去买书、看书不太方便。但是他们确实有阅读的需求。所以我们以微信群为平台，以老师和志愿者为主播，每天 12 点 30 分开始读书分享会，持续约半个小时。"活动发起人陈芬老师说道，"通过这个活动，我们不仅仅可以帮助残友们分享读书，也可以在学生之间形成阅读的良好习惯。在志愿服务活动中，残友与学生形成良性活动，相互帮助。"

---

①　曲臻，杨苗可. 湖南农业大学"1230"育人读书分享会开播［EB/OL］.（2018 - 12 - 21）.

第三节　团员团干引领工程

共青团是党的助手和后备军，是党联系青年的桥梁和纽带，为实现党在不同时期的历史任务发挥了不可替代的作用。党和国家历来高度重视高校共青团工作。2005 年 4 月共青团中央、教育部下发的《关于进一步加强和改进高等学校共青团建设的意见》，专门对高校共青团工作进行了部署；2017 年 6 月共青团中央、教育部印发《关于加强和改进新形势下高校共青团思想政治工作的意见》，为新时代高校共青团工作定了总基调、提了总要求，特别强调要突出核心任务，着力加强思想政治引领和价值引领。当代大学生中绝大多数为团员，团员中的一大批又在团组织、学生组织、社团组织中担任干部，加强团员团干的思想引领工作尤为重要。

一、分层搭台，精准引领

十六年来，在学院党政的领导下，学院学工战线始终坚持"分层分类，精准引领"的原则，聚焦团员团干的思想引领，针对团学骨干、团学干部、基层团员搭建长效平台，构建了全方位的团员团干精准引领体系。

当前，学院"团员团干引领工程"的内容体系如图 1 - 12 所示。

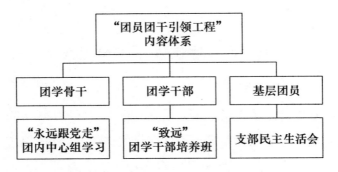

图 1-12 学院学工战线"团员团干引领工程"内容体系

二、"永远跟党走"团内中心组学习

团内中心组学习每个月开展 1 次，主要分为学院、学部 2 级，其中，学院团内中心组学习主要参与对象为学院团委老师（专职）、副书记（兼职）及院级学生组织主席团成员组成，根据学习内容的需要，可扩大到院级学生组织部门负责人和学部团总支负责人；学部团内中心组学习主要参与对象为学部团总支书记以及团总支、学生会部长及以上干部。自 2014 年 9 月开始实施以来，团内中心组学习至今已坚持举办 30 期，总计约 1200 人次的团学骨干参与其中。

图 1-13 总第 10 期中心组学习　　图 1-14 总第 25 期中心组学习

学院团内中心组学习最大的特点在于 3 点。一是中心发言人全部为学生，老师只参与讨论和总结；二是将理论学习与实践工作结合，要求中心发言人必须结合具体实践提高思想认识并加以自我阐述；三是学习形式多样，有专题报告、专题调研、外出考察、社会实践等方式。

团内中心组学习对提升团学骨干的进步和提升产生了重要影响。团学骨干由 2014 年英语四六级过级率为 8.33%，提升至 2017 年秋季学期英语四六级过级率 27.77%；2014 年入党比率为 5.55%，提升到 2017 年入党比率 25%；2014 年考研率为 11.11%，提升到了 2017 年的 30.55%。同时，团学骨干就业率更是达到 100%，并涌现出江涛、陈乔丹、陈垂壮等，在基层、企业就业或创业的优秀人才。

表 1－1　团内中心组学习近 10 期主题一览表

期数	时间	中心发言人	主题
总第 20 期	2017 年 9 月	翁志涛	喜迎十九大，青春建新功
总第 21 期	2017 年 10 月	曾晨凯、翁志涛等 5 位干部	湘西永顺扶贫调研心得分享
总第 22 期	2017 年 11 月	卿健	学习党的十九大报告精神
总第 23 期	2017 年 12 月	翁志涛	2017 年湖南省大学生青年马克思主义骨干培训班学习分享
总第 24 期	2018 年 3 月	曾晨凯	聚焦全国两会
总第 25 期	2018 年 4 月	黄蓉丽	走进新时代的中国特色社会主义
总第 26 期	2018 年 5 月	阳雅芬	五四青年，与总书记一起"致青春"
总第 27 期	2018 年 9 月	谭祖归	学生会，研究生会干部自律公约
总第 28 期	2018 年 10 月	龙世清、袁昊天、骆显鑫	新时代本科教育思想大讨论
总第 29 期	2018 年 11 月	曾维民	学习习近平主席 G20 峰会讲话
总第 30 期	2018 年 12 月	肖雄	平"语"近人习近平总书记用典

三、"致远"团学干部培养班

"致远"团学干部培养班由学院团委具体组织实施，参与对象为全院团学干部，每年分春、秋 2 期进行。十六年来，共计举办了 30 期，参加人数约 8400 人次，授课总课时达到 280 个。

当前，学院"致远"团学干部培养班主要有以下 2 个特点。一是邀请指导团学工作多年的专家学者前来授课。授课专家结合团学工作实际，对形势政策、工作方法、创新意识、团队建设、管理艺术等方面展开培训。2016 年开始，除专家外邀请了团学工作方面有独特见解的毕业学生干部，结合自身经历授课，学生与年龄相仿的授课嘉宾在现场互动提问，极大程度上调动了积极性。二是覆盖面广，形式多样。培训班对象为学院、学部、班级等各级团学干部，授课形式也逐渐在纯讲座的形式上增加了观影辩论、对外交流、实践拓展等，尽可能做到层层覆盖、面面俱到。

图 1-15　第 13 期团学干部培训班

图 1-16 第 29 期团学干部培训班

团干培训提高了青年团干部的思想觉悟、组织管理和语言表达能力，增强青年团干部的主观能动性、服务意识和社会责任感，为学院打造了一支"素质高、能力强、作风正、功底硬"的优秀团学干部队伍，这支队伍在学习、各级赛事、考研考证、就业创业方面成为学生的标榜模范。

表 1-2 "致远"团学干部培养班近 5 年主要嘉宾一览表

年份	主讲人	课程主题	嘉宾介绍
2014	覃红燕	执行与沟通	中共党员、副教授、现任湖南农业大学团委书记
2015	陈钦华	执行与沟通	中共党员、教授、硕士生导师，现任湖南农业大学动物科学与技术学院党委书记
2016	张胜利	方法与艺术	中共党员、副教授、硕士生导师，现任湖南农业大学研工部部长兼研究生院副院长
2017	谭焱良	创新思维与务实方法	中共党员、律师、教授、硕士生导师，现任湖南体育职业学院院长

续表

年份	主讲人	课程主题	嘉宾介绍
2017	刘启定	团学干部的作风建设	中共党员，副教授，现任湖南农业大学宣传部部长、新闻中心主任
2018	兰勇	团学干部的基本素养	中共党员，中国社科院博士后，教授，博士生导师，现任湖南农业大学党委委员、组织部长，曾任湖南农业大学团委书记、湖南农业大学商学院院长，团十七届中央候补委员

资料：

《关于加强和改进新形势下高校共青团
思想政治工作的意见》的主要精神①

一、指导思想

1. 高举中国特色社会主义伟大旗帜，全面贯彻党的十八大和十八届三中、四中、五中、六中全会精神，以马克思列宁主义毛泽东思想、邓小平理论、"三个代表"重要思想、科学发展观为指导，深入学习贯彻习近平总书记系列重要讲话精神和治国理政新理念新思想新战略，贯彻落实习近平总书记青年工作思想。

2. 始终坚持党的领导，以立德树人为根本，以理想信念教育为核心，以社会主义核心价值观为引领，积极适应共青团深化改革新形势、高等教育综合改革新发展、大学生新特点，全面贯彻党的教育方针，切实保持和增强政治性先进性群众性，紧紧围绕共青团"凝聚青年、服务大局、当好桥梁、从严治团"四维工作格局。

---

① 共青团中央，教育部.《关于加强和改进新形势下高校共青团思想政治工作的意见》的通知. 中华人民共和国教育部政府门户网站，2017－09－14.

3. 引领大学生更加紧密地团结在以习近平同志为核心的党中央周围，坚定中国特色社会主义道路自信、理论自信、制度自信、文化自信，增进对党的政治认同、思想认同、情感认同，努力成长为又红又专、德才兼备、全面发展的中国特色社会主义合格建设者和可靠接班人，为实现"两个一百年"奋斗目标、实现中华民族伟大复兴的中国梦不懈奋斗。

二、基本原则

4. 坚持党的领导和社会主义办学方向，健全完善工作体制机制，始终将加强大学生思想政治引领和价值引领作为高校共青团的核心任务服务育人大局。

5. 坚持围绕高校中心工作，服务育人大局，立足工作基础和实际，发挥高校共青团在第二课堂中的独特作用，形成组织育人、实践育人、文化育人、网络育人、服务育人的工作合力。

6. 坚持全团齐抓共管、全方位融入高校"大思政"工作格局，将思想政治工作贯穿高校共青团各项工作和建设的全过程各环节，深化重点品牌工作，加强工作队伍建设，建立健全工作体系。

7. 坚持遵循教育规律、思想政治工作规律、学生成长规律和共青团工作规律，注重围绕学生、关照学生、服务学生，注重对青年教师的联系、服务和引导，着力提高工作科学化水平。

8. 坚持将加强组织建设作为高校共青团开展思想政治工作最基本最直接的抓手，不断提升基层组织活力，努力实现思政工作到支部、思想引领面对面。

9. 坚持改革创新和从严治团，深化高校共青团改革攻坚，全面落实从严治团要求，继承发扬优良工作传统，推进理念思路、内容形式、方法手段创新，增强工作的时代感、亲和力和实效性。

三、突出核心任务

10. 不断强化理想信念教育，不断补足共产党人精神上的"钙"，才能始终保持昂扬向上的精神状态，葆有旺盛斗志，始终做到积极进取，奋发有为。

11. 从理念和实际、历史和现实的结合上培育和践行社会主义核心价值观，要把社会主义核心价值观贯穿于高校办学育人全过程。

12. 深化实施青年马克思主义者培养工程，坚持不懈地用马克思主义中国化的最新成果武装青年，通过教育培训和实践锻炼等行之有效的方式，不断提高大学生骨干、团干部、青年知识分子等青年群体的思想政治素质、政策理论水平、创新能力、实践能力和组织协调能力，使他们进一步坚定跟党走中国特色社会主义道路的信念，成长为中国特色社会主义事业的合格建设者和可靠接班人。

四、强化组织育人

13. 构建和完善党领导下的"一心双环"团学组织格局，继续深化思想引导的方法路径，加强团学干部的理想信念教育，突出政治性和先进性。

14. 加强基层团组织建设，不断提高团的服务能力，进一步增强团组织的凝聚力和感召力，持续加强团组织建设。

15. 加强团员先进性建设，做好广大团员青年的思想教育工作，树立正确的人生观；要做好经常性团员发展的工作，保持团员的先进性。

16. 加强学生会和研究生会建设，坚持不懈地用中国梦筑牢同学共同思想基础，务实有效地服务同学全面发展，合理有序地表达和维护同学正当权益。

五、强化实践育人

17. 推行实施"第二课堂成绩单"制度，通过客观记录、有效认证、科学评价学生参与"第二课堂"的经历和成果，促进"第二课堂

"成绩单"成为我院评先评优、评奖评助、推优入党、综合素质测评的主要依据。

18. 广泛开展社会实践活动，不断增强学生的社会责任感、创新精神和实践能力。

19. 大力开展大学生志愿，服务活动，以在校青年教师和大学生为重点，以学校大学生志愿服务组织为载体，创新志愿服务形式和载体，加强我校团员青年的服务意识。

六、强化文化育人

20. 弘扬中华优秀传统文化和革命文化、社会主义先进文化，让广大青年坚守和践行爱国、进步、民主、科学的核心价值

21. 建设健康向上的校园文化，校园文化主张多元性，在建设和发展中不断推陈出新，充分展示校园精神的健康、向上。

22. 正确发挥学生社团的应有作用，促进校园文化建设，引导青年学生树立正确的价值取向和发展目标，培养。

七、强化网络育人

23. 加强工作阵地平台建设，发挥堡垒作用，夯实团组织建设的基础工作，增强团组织的凝聚性。

24. 加强网络内容产品建设，加强互联网内容建设，提升网络传播质量，建立网络综合治理体系，营造清朗的网络空间。

25. 加强网络舆论引导工作，把握舆论工作规律，提高舆论引导能力，掌握网舆论主导权。

八、强化服务育人

26. 促进大学生创新创业创优，为实现中国梦提供强大动力，培养大学生自主学习、提高大学生综合素质，促进大学生就业。

27. 关心帮扶特定学生群体，确保特殊学生的健康成长。

28. 代表和维护大学生权益，加强广大大学生维权意识，树立维权

旗帜，唤醒维权意识，维护大学生的权益。

九、强化保障支持

29. 加强党的领导，明确党的领导是具体的而不是抽象的，同步推进保障党的全面领导的制度安排与能力建设，要从政治高度看问题做工作。

30. 加强团教协同，服务学生成长成才，发挥好高校大思政生力军作用。

31. 加强全团齐抓共管，加强学生队伍的安全培训管理，发挥组织优势，开展安全教育活动。

32. 加强工作队伍建设，增强战斗凝聚力，是科学化、精细化管理建设队伍完成各项工作任务。

33. 加强制度机制建设，提升制度执行力，大大提高学生的管理效力和决策能力，促使学生的健康发展与不断壮大。

四、支部民主生活会

学院共青团自 2003 年至今，每个学期坚持开展，将春季学期第3—14 周、秋季学期第 6—17 周，每周星期四下午第 7、8 节课固定为支部专题民主生活会时间。十五年来共举办民主生活会 85 期，33000 余人从中受益。民主生活会增强了基层团组织的凝聚力、战斗力和创造力，让广大共青团员树立起心系祖国、忠于国家、服务人民的意识，广大青年积极参加暑假"三下乡"社会实践等活动，践行社会主义核心价值观。

表1-3 近10期"民主生活会"学习主题介绍

期数	时间	主题
总第75期	2017年5月	校园贷的危害
总第76期	2017年10月	创建文明校园，实践社会主义核心价值观
总第77期	2017年11月	聚焦十九大
总第78期	2017年12月	C919
总第79期	2018年3月	聚焦两会
总第80期	2018年4月	网络暴力
总第81期	2018年5月	新时代，青春梦
总第82期	2018年10月	习主席的"7·2"讲话精神与中美贸易战
总第83期	2018年11月	平语近人——习近平总书记用典
总第84期	2018年12月	平语近人——报得三春晖
总第85期	2019年3月	平语近人——国无德不兴、学习《感动中国》典型人物

为全面优化的组织形式，创新工作方法，学院先后于2011年、2014年、2017年对加强和改进团支部民主生活会下发了相关文件。当前，该项活动呈现以下几个特点：一是主题由全部规定动作变为了"规定动作与自选动作结合"；二是由学生自主转变到了"班主任、联系党员、辅导员共同参与"；三是形式上由集中开会学习转变为可进行志愿服务、爱心支教、社区服务等社会实践活动。

图1-17 总第77期民主生活会

图1-18 总第85期民主生活会

2014 年，学院对基层民主生活会的开展过程和效果进行了全部总结，结集成《当代大学生核心价值观教育实践研究》一书，并由湖南师范大学出版社出版发行。

图 1 – 19   书籍《当代大学生核心价值观教育实践研究》

第四节 心理健康教育工程

20世纪80年代中期以来，伴随社会的飞速发展及我国高等教育体制改革的不断深化，大学生所承受的心理压力不断增加，提高大学生心理健康能力的呼声日益高涨，心理健康教育开始进入人们的视野并日益彰显其独特的作用。从国家政策来看，早在1994年8月31日中共中央《关于进一步加强和改进德育工作的若干意见》就正式使用"心理健康教育"一词，并自觉把心理健康教育纳入德育的视野；之后，1995年、1999年、2001年、2002年、2004年，国家政府相继出台系列文件，对我国大学生心理健康教育工作发展做出具体规定与指示；2005年1月，教育部再次颁布《关于进一步加强和改进大学生心理健康教育的意见》，进一步明确了大学生心理健康教育的总体要求，提出要努力提高大学生心理健康教育工作水平，促进我国大学生心理健康工作发展和完善。

一、面向全体，关注个体

为响应国家对心理健康教育工作的要求，适应新的教育形势，2005年9月，学院成立心理健康教育中心，开始在学生中开展心理健康教育。中心成立初期，主要针对少数有心理问题的学生开展个体心理咨询和心理危机干预工作。

2007年，随着西方积极心理学理念传入中国，这一心理学的新思潮给学院心理健康教育工作带来了新思路，即心理健康教育工作不应只围绕少数心理问题学生开展，更重要的，要帮助更多学生心理素质提升和优化。2007年起，学院心理健康教育工作确立了"面向全体、关注个体"的工作思路。一方面，加大心理健康教育课堂建设，帮助更多学生普及心理健康知识，学会心理自助；另一方面，转变仅以个体心理咨询为主的心理健康教育工作方式，大力融入团体心理辅导技术，形成个体咨询与团体辅导技术相结合，形式多样、覆盖全面的心理健康教育工作方式。

2011 年，教育部出台《普通高等学校心理健康教育工作基本建设标准（试行）》，对高校心理健康教育工作软硬件条件进行了规范。学院心理健康教育中心在此文件精神的指导下，开展了中心的重新改造和装修，也进一步规范了中心的工作队伍层级，建立了从"中心"到"寝室"的心理健康教育 5 级工作机制（如图 1 - 20、1 - 21 所示）。

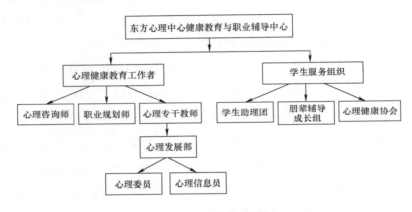

图 1 - 20　工作队伍层级

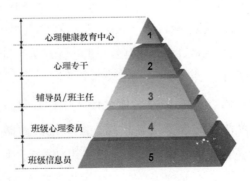

图 1 - 21　工作 5 级机制

　　经过十几年探索，中心获得了湖南省"合格心理咨询室""湖南省
心理健康教育工作先进单位"等荣誉称号；也在发展中形成了具有
"积极教育"特色的集"心理课堂教学""心理咨询与危机干预""心
理健康教育活动""心理培训"四位为一体的心理健康教育工作体系。

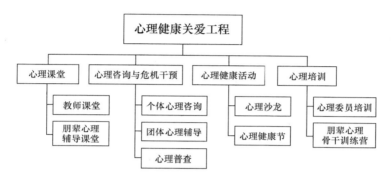

图1-22　"四位一体"心理健康教育工作体系

　　其中，心理课堂通过开设以理论讲授为主的第一课堂和以实践训练
为辅的第二课堂，普及心理健康知识和"自助"方法、培养学生"求
助"的心理健康意识，营造学院良好的关爱自我心理健康文化氛围。
首先，在心理咨询和危机干预方面，通过开设个体心理咨询、团体心理
辅导、心理普查，为学生提供"他助"途径，帮助有心理困惑的学生
克服心理困扰、战胜自我，学会成长。其次，在心理健康活动方面，通
过打造品牌活动"大学生主题心理健康节"和"心理沙龙"，为学生搭
建"互助"平台，让学生在参与活动中感悟生活，获得成长。最后，
在心理培训方面，强化"心理委员"培训和开设"心理朋辈骨干训练
营"，让更多热爱心理学、愿意为身边同学服务的学生们加入心理健康
中心，和心理老师一起为关爱学生心理健康做出更多贡献。

资料：

大力推进"积极教育"①

作为心理学和教育工作者，笔者主张大力推进"积极教育"。积极教育是积极心理学与教育学的交叉。积极心理学是新世纪以来在美国兴起的心理学研究领域，强调激发正能量，引导人们以积极、建设性的心态面对生活，提高幸福感。把积极心理学引入教育领域，就是积极教育或积极教育学。笔者曾在美从事积极心理学教研，深感其重要价值。

积极教育揭示了社会发展的文化 DNA 密码。笔者研究发现，人类历史上财富爆发式增长靠的不是斗争而是合作，而积极的心态是合作与交往的前提和基础。孟德思鸠认为，商业世界的游戏规则不是斗野蛮、拼产品，也不是博弈、竞争、计较、客啬，而是讨人喜欢，让人快乐。在他看来，在快乐多的地方商业发达，在商业发达的地方遇到快乐的人。积极教育正是促进快乐交往。

与传统教育偏重"知识"学习不同，积极教育在鼓励"求知"的同时，强调培养"知识以外"的能力。加拿大心理学家史蒂芬·平克认为，知识之外的能力第一是设计感，抑或说美感；第二是快乐感，让自己与他人都身心愉悦健康；第三是意义感，找到生命和生活的意义；第四是形象思维的能力，善于讲故事，把抽象概念具体化；第五是引起共鸣的能力，善于感染和激励他人；第六是共情能力，善于捕捉和理解他人的感情、感觉。

积极教育符合人类大脑活动规律。研究表明，低级脑细胞负责具体信息处理，比如看、走等；而高级脑细胞负责美感、共情、共鸣等功能。高级脑细胞越活跃，人的智慧就越高、情感就越积极、成就会越

---

① 彭凯平. 大力推进"积极教育"［N］. 人民日报海外版，2017－02－25.

大，因而培养活跃的高级脑细胞至关重要。积极教育的重要内容和目标指向就是培养学生开展高级脑细胞活动的能力和习惯，笔者把它定位为打造中国领军世界的 ACE（王牌）。ACE 中的 A 是 Aesthetic，即审美；C 是 Creative，即创造；E 是 Empathic，即情感共鸣。

基于近年的教学实践，我认为开展积极教育除了进行"乐观性格教育""社会关系教育""健康生活习惯教育"之外，还应包括以下四个方面。

一是情商教育。心理学家研究发现，人类在心情积极的时候思路更开阔、行为选项更丰富、行动的欲望更强，大多数的创造性工作是在快乐积极的情况下完成的。积极教育重视情商，教会学生发现、培养、管理、交流积极情绪。

二是幸福教育。美国心理学家齐斯真秘·哈伊认为，幸福就是一种全身心的快乐的体验，笔者将其称之为"福流"，它描述的是一种沉入其中、物我两忘、驾轻就熟、点滴入心、酣畅淋漓的心理体验，并且这种体验是可以通过学习、创造获得的。

三是利他教育。心理学研究表明，利他是幸福的，帮助别人是在寻找快乐。积极教育就是以科学的方法开展利他教育，使利他成为一种全身心愉悦的体验。

四是美德教育。这里所说的"美德"是建立在人心、人情、人性基础上的价值理念。心理学家认为，人类有一些公认的美德要素，比如，都喜欢有勇气、仁慈、有爱心的人，更尊重欣赏他人、好学上进、有创造力的人。积极教育要让学生欣赏、热爱并培养这些美德。

二、积极的心理课堂

心理课堂是学院心理健康教育工作从"少数个体"向"多数全体"转变的重要举措。在学院朱翠英院长的大力支持和带领下，2007 年，学院面向大一新生开设《大学生心理健康教育》必修课（2个学分，32个学时），以期通过课程建设让更多的学生掌握科学、正确的心理健康知识和简单、有效的心理自助方法。同时，在课堂建设中尝试融入"积极"理念，探索积极的心理课堂。

积极的心理课堂分为以理论讲授为主的第一课堂和以实践训练为辅的第二课堂。在第一课堂理论教学中，主要采取主题式授课方式，传授大学生中常见心理困扰的相关知识和自助方法。同时，边实践边探索，建设符合学院大学生心理特点的院本心理健康教材以及配套理论学习的网络课程资源。2007年，学院自主开发的《大学生心理健康教育》多媒体网络课件参加教育部主办的第七届全国多媒体课件大赛，荣获高教文科组二等奖；2008年，心理健康教育课程荣获湖南省精品课程荣誉称号；2011年，编写的院本教材《大学生心理健康教育》获得农业部颁发的全国农林高校优秀教材奖（图1-23）。

图1-23　获奖证书

在第二课堂实践训练教学中，主要运用团体辅导的技术，开展体验式主题活动，如心理主题班会（图1-24）；或者进行提升心理素质的行为训练，如自信心训练（图1-25）、人际互助训练（图1-26）等。第二课堂成为学生评价学习收获最大、学习心情最愉悦、最喜欢的课堂教学形式。

图 1 – 24　心理主题班会

图 1 – 25　自信心训练

图 1 – 26　人际互动训练

经过不断地实践、探索，积极的心理课堂成为学院大学生心理健康教育的主阵地，也获得了全省其他兄弟院校的学习和"点赞"。2010年，学院《大学生心理健康教育的理论与实践》项目获"湖南省教学成果三等奖"荣誉。

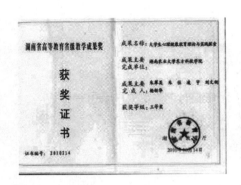

图 1-27 获奖证书

资料：

东方科技学院《大学生心理健康教育》网络课程介绍

学院《大学生心理健康教育》网络课程根据建构主义学习理论和课程本身特点，结合 web 2.0 基于过程的交互方式，分为七个模块进行设计开发。

图 1-28 《大学生心理健康教育》网络课程截图

模块一：课程学习。以东方科技学院自主开发的教材《大学生心理健康教育》为蓝本，根据学生特点，精选学习内容，将电子讲义、课件和同步视频统合，构建网络交互式学习环境。学生可自由选择适合的方式学习课程内容，并配合章节练习来检验学习效果。

模块二：在线考场。按照教学大纲要求，组建习题数据库。学生可通过网络进行自主练习和在线考试，获得成绩反馈，以提高学习效果。

模块三：心理测量。链接至学院心理健康教育测评系统，学生可通过学号登录进行在线测试。

模块四：在线咨询。提供咨询老师与常见心理问题信息，学生可通过本窗口与咨询老师在线咨询。

模块五：经典案例。提供大量心理健康经典案例，促进心理知识普及与应用。

模块六：心理园地。包括心理趣图、心理文摘、经典实验、心理讲坛、心理学家、心理影院等资源，是一个"心理百花园"，为教师教学和学生自学提供丰富素材，实现资源共享。

模块七：心理论坛。提供师生公共信息交流、讨论的平台。

三、大学生心理健康节

"5·25"大学生心理健康节是学院学工战线在广大学生中营造一种关注心理健康、懂得心理健康、重视心理健康的氛围，通过组织设计一系列内容丰富、形式多样、参与性强、针对性强的活动，宣传大学生心理健康知识、帮助大学生提升心理素质的心理活动品牌项目。

学院大学生心理健康节于2007年举行首届活动，之后每年举行1次，以不同主题，不同活动形式开展，为期1个月。截至2017年，学院已成功举办了11届大学生心理健康节。

资料：

"5·25"大学生心理健康节

为引导大学生关注自身的心理健康，2000 年，"5·25 全国大学生心理健康节"在北京师范大学拉开帷幕。健康节取"5·25"的谐音"我爱我"，意为关爱自我的心理成长和健康，活动的主题是大学生人际交往和互助问题，口号为"我爱我——走出心灵的孤岛"。此后（2004 年），教育部、团中央、全国学联办公室向全国大学生发出倡议，把每年的 5 月 25 日确定为"全国大学生心理健康日"。

"5·25"是"我爱我"的谐音，对此，发起人的解释是：爱自己才能更好的爱他人。心理健康的第一条标准就是认识自我，接纳自我，能体验到自己存在的价值，乐观自信，这样的人才能用尊重、信任、友爱、宽容的态度与人相处，能分享、接受、给予爱和友谊，能与他人同心协力。

选择"5·25"是为了让大学生便于记忆，关注自己的心理健康。随后，"5·25——大学生心理健康日"在全国的高校得到认同，全国各高校利用这一天开展着多种形式的心理健康教育活动，认为这一天就是"大学生的心理健康节"（表 1-4）。如今，"5.25"大学生心理健康活动周已遍及全国各地，成为全国大学生活动的一个著名的品牌，其影响力将会越来越大。

表 1-4　2007—2017 年学院大学生心理健康节活动主题

活动名称	活动主题
第一届 5·25 大学生心理健康节	人际交往与师生互助
第二届 5·25 大学生心理健康节	和谐心灵绿色奥运

续表

活动名称	活动主题
第三届 5·25 大学生心理健康节	善待自己，关爱他人， 我们是相亲相爱一家人
第四届 5·25 大学生心理健康节	珍爱生命·健康生活； 关爱他人·完善自我
第五届 5·25 大学生心理健康节	微笑生活，快乐成长
第六届 5·25 大学生心理健康节	幸福·家庭·亲子
第七届 5·25 大学生心理健康节	传递正能量，牵手你我他
第八届 5·25 大学生心理健康节	敢于担当，追求梦想
第九届 5·25 大学生心理健康节	传递正能量，健康我心灵
第十届 5·25 大学生心理健康节	与心灵相约，与健康同行
第十一届 5·25 大学生心理健康节	向着太阳奔跑

通过每年举办心理健康节活动，学生们关注自身心理健康、期望提升自我心理素质的意识越来越强烈，学院营造出浓浓的积极心理文化氛围，也形成了一些心理健康节特色品牌活动。

图 1-29 心灵游园会

图 1-30   心理情景剧晚会

图 1-31   户外心理拓展活动

图 1-32   爱心义工服务

第五节　网络思政育人工程

自 1994 年我国正式接入互联网之后，随着信息技术的迅猛发展，网站、bbs、贴吧、社区、QQ、微博、微信等媒体平台层出不穷，在此影响下，网络化生活成为了当代大学生的常态，对大学生思想行为也带来了全方位深层次的影响。可以说，当前高校思想工作中的许多新情况新任务，在很大程度上是因"网"而生、因"网"而增、因"网"而兴。加强网络思想政治教育受到了与日俱增的重视，从 2000 年 9 月教育部印发《关于加强高等学校思想政治教育进网络工作的若干意见》，到 2016 年 12 月习近平总书记在全国高校思想政治工作会议上强调，"要运用新媒体新技术使工作活起来，推动思想政治工作传统优势同信息技术高度融合，增强时代感和吸引力"，无不体现出党和政府到网络思想政治教育的高度关注。

一、主动占领，全面出击

从 2003 年 7 月在学院官方网站开设"团学工作"专栏、2004 年年底实现 QQ 群对所有班级的覆盖、2006 年年初迅速号召一线辅导员利用博客开展学生教育工作，到 2010 年开始第一时间使用微博强化师生交流和互动、2012 年底全面推进微信在学生工作中的应用。学院学工战线多年来始终坚持"主动占领，全面出击"的原则，以"引领网络正能量、传播网络正声音"为目标，充分利用和积极开发各类新媒体资源，逐步形成了以"QQ、微信及易班社区"平台建设为重点，官方网站、官方微博、辅导员大 V、官方贴吧等平台建设为补充的网络思政育人内容体系，具体如图 1－33 所示。

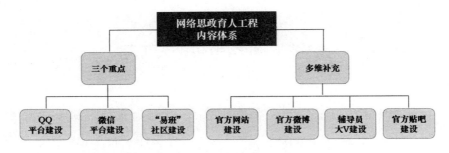

图 1-33 学院学工系统网络思政育人工程内容体系

当前，通过加强媒体平台建设，学院已初步建立起集思想引领、师生互动、家校互联、舆情监控等于一体的网络思政教育长效体系，并成功打造了"湘农东方""农大 MXD""农大村长"等网络思政教育品牌。

二、"湘农东方"微信公众号

"湘农东方"是学院团委的官方微信公众号，创建于 2014 年，拥有粉丝数量上万人，覆盖全院师生及广大学生家长。

"湘农东方"充分利用网络优势，开展大学生思想政治教育，成为培育和践行社会主义核心价值观的网络阵地，自创建以来，根据大学生的思想特点，注重激发学生参加团学活动的兴趣，推进了思想政治引导工作，让团学工作更加深入人心，提高了团学工作的实效。历经多次功能性优化，目前主要设有"倒带""东科人的夜晚""团学风采""为你服务""往期精彩"等栏目。其中，"倒带"和"东科人的夜晚"栏目给学生提供了展示自己的平台，有利于对先进人物和典型事迹的发掘、宣传，有利于身边榜样的树立和个人奋斗目标的设立；"团学风采"栏目将学院团委的特色工作、精品活动进行归纳总结，及时发布，有利于做到对学生的思想引领，是引导传播正能量的主阵地，同时也为学院应届毕业生提供了优质的就业指导服务；"为你服务"栏目设有图书查询，素拓学分查询、学分查询，学业成绩查询和学生寝室水电费查询，使学生基本做到足不出户就能对自己的学习状况和生活情况了如指掌，大大提高了学习、工作效率；"往期精彩"栏目方便粉丝查看以往信息，同时也是对团学工作的总结归纳。

总体而言，"湘农东方"在运营期间，主题鲜明，栏目定位准确，始终聚焦学院建设成就，全方位展示学院发展成果；一切从学生切身利益出发，牢固把握学生的服务需求，多角度提升用户体验，帮助学生实现自我教育、自我管理，完善自我服务；结合重要的时间节点，推出贴近学生青春正能量的内容，展现校园特点与流行文化的搭配，辅以轻松活泼的语言，讲好学生的青春故事；在传播策略方面，优化设计传播内容，注重实效性与原创性，把握大众需求，贴近学生，应用传播手段比较丰富，讲究图文并茂式的结合、新应用开发式的搭配、创新性标题式的凸显、接地气语言式的互动，注重推广传播方式，强调推广力度，形成了传播矩阵。

三、"家校互联"平台

家校互联，顾名思义，就是学校和家庭为了达到"教书育人"的共同目标，彼此了解，相互合作，通过语言等多种媒介进行的信息传递、思想交流的行为。我院辅导员老师借助智能信息化时代下的诸多有利条件，把家校间的信息传递与智能手机、社交软件相结合，开创了家校联系的新格局。目前，学院共有家校联系 QQ 群 26 个、微信群 27 个，覆盖学生家长 5600 余人，覆盖率达到 84%。

以经济管理学部为例，辅导员老师非常注重对学生家长联系方式的积累，以每年 9 月份新生入学报到为契机，安排学生干部在迎新点负责记录新生家长的手机号码，并设计学生基本情况信息表，进行实时填写；同时，辅导员老师会提前创建好家长 QQ 群、微信群，生成、打印入群二维码，方便家长入群，待报到结束后，及时整理、核对、清点入群情况，对未来得及入群的家长，将根据信息表上的手机号码，以电话、短信的方式通知家长入群。借助家长 QQ 群和微信群开展工作的方法及收效，主要体现在以下几个方面。

1. 帮助新生及家长度过大学适应期。对于很多家长而言，孩子进入大学，是第一次离家开始独立生活，家长在感到欣慰的同时，也存在一定的忧虑，学院利用微信群、QQ 群通报新生在军训期间的表现、军训结束后的各项工作安排、学校作息时间的规定等，可以让家长们知晓孩子初入大学的情况，从而放心、放手。

2. 对学院的各项规章制度进行宣讲、解读。辅导员老师将涉及学生利益的相关制度、要求、规定发布在家长 QQ 群和微信群，首先，可以彰显学院的办学宗旨和办学理念，使家长感受到教育的规范化和管理的人性化；其次，可以使家长感受到学院纪律的严肃性，没有规矩不成方圆，规章制度是底线，有规必依、违规必究；再次，方便家长在家庭教育时对学生进行督促，能够明确地告诉自己的孩子"可以做什么，不能做什么，必须做到什么"，以避免出现违纪情况，甚或影响学生的前途。

3. 对于学生在校期间的学习情况进行通报。家长最关心的莫过于自家小孩在校期间的学习成绩，以往辅导员老师以书信的方式将成绩单邮寄给家长，但由于家庭地址存在误差，信件接受不及时、不准确的现象屡见不鲜，收效甚微，现今家长 QQ 群和微信群的建立，极大方便了辅导员老师及时把学生的期中考试、期末考试、补考、重修考试等成绩，以班级或个人为单位通知家长。这样，只要在网络畅通的情况下，家长可以随时随地查看孩子的各科成绩、各学期成绩、总成绩，掌握孩子在校学习状态，也使得家庭教育有了充分的依据和针对性，有利于家长配合学院开展学风建设工作，对孩子顺利完成本科阶段的学业起到了重要的督促作用。

4. 及时发布、更新学院关于开学、考试、放假、重大活动的相关安排。除了学习成绩，家长还会非常关注孩子在校期间的动向，辅导员老师充分利用家长 QQ 群和微信群，把校历、期中考试安排、期末考试安排、补考安排、开学通知、放假通知、重大活动的开展情况向家长通报，使家长熟知孩子在哪里、在干什么、什么时候可以离校回家、什么时候必须离家返校，便于及时提醒、督促，有利于降低人身安全事故的风险。

5. 做好重点关注学生的教育、说服、引导和处理。学院的重点关注学生大致分为学困生、贫困生、心理问题学生、受过处分的学生，特别是受到过记过以上（含记过）处分的学生，根据学院相关规定，这类学生原则上将取消学士学位的授予。重点关注的学生所表现出来的共性是自尊心强，学生不愿意主动向家长谈论自身存在的问题和困难，即便家长再三追问，其要么回避，要么敷衍了事，总之，报喜不报忧。辅导员老师借助家长 QQ 群和微信群，可进行分类指导。一是对于学困生，辅导员老师将成绩单、升级学分要求、毕业学分要求发送给家长，利用下课堂检查的机会，对学困生的听课状态进行拍照或拍摄，及时传递给家长，结合实际情况，将改变学习态度、提升自信心、激励上进心、掌握学习技巧的方法，与家长共享。二是对于贫困生，辅导员老师将国家相关资助政策、院校各项优惠措施向家长宣传、解读，重点解决"要办哪些手续?""办手续要找谁?""要去哪里办手续?"的问题，及时了解学生家庭的经济状况，指导他们申报生源地国家助学贷款，帮助他们进行贫困生网上建档，并综合学习成绩与现实表现，为他们争取"国家励志奖学金"或"国家助学金"，贫困生取得的成果、荣誉，获得的资助，辅导员老师都会通过家长 QQ 群和微信群告知，使家长感受到学院对孩子的关心，进而教育孩子懂得感恩母校。三是对于存在心理问题的学生，辅导员老师将相关言行、举止、病因、病情、诊断结果、干预措施、恢复情况或编辑信息，或采集图片，以"好友聊天"的方式向家长通报，并传授一些心理常识和干预技巧，学生遇节假日离校回家，方便家长进行家庭层面的心理辅导。如果学生遇到的心理问题较为严重，须立即由家长带回治疗的情况，且辅导员老师也会提供相关医疗机构和专业人士的信息，以语音、链接、截图等方式发送给家长，方便孩子顺利就医、及早康复、回归校园。四是对于受过处分的学生，辅导员老师将相关处分文件、检讨、制度、谈话记录、后续辅导记录以图片的方式传给家长，使家长对孩子所犯错误完全知情，并对学院的纪律规定和处理办法给予充分理解，如果涉及无法顺利毕业情况，辅导员老师除了如实传达预计结果，还会依据相关规章制度，以信息、图片的方式告知家长如何弥补，方便家长在家庭教育中为孩子树立信心、设定目标，尽最大努力确保个人前途不受影响。

图1-34 学院首届家校大学生教育研讨会

案例：

马晓东：这个老师有点潮 办自媒体引导学生"向善向上"①

党的十九大报告中 10 处提到青年，青年一代有理想、有本领、有担当，国家就有前途，也有未来，中华民族伟大复兴的中国梦终将在一代代青年的接力奋斗中变为现实。而青年成长需要良师引导，这是湖南农业大学东方科技学院培训与对外交流合作中心主任马晓东一直在做的事。

在网络时代，老师与学生沟通交流的渠道发生了变化，为了更多关注"90 后""00 后"青年在虚拟网络中的思想变化，马晓东创办微信公众号，开通微博，听吐槽、解矛盾，传递校园正能量。

1 个问题 vs1000 个专家

"井盖坏了，学校管理上是否失职？"湖南农大一名学生 A 在微博写下这句话，配上图片并@了几位本地博主。

"在食堂点了一份外卖，菜竟然是馊的。"另一名同学 B 怒不可遏地在微博"投诉"，随手@了几位微博大 V。

这并非真实的事例，而是马晓东心中对"90 后""00 后"大学生性格特质的印象——敢想敢言。从事学生工作 10 多年，马晓东经常被问到"80 后""90 后""00 后"学生的性格差异，他总结，与"80 后"学生相处，处理多是恋爱纠纷、校园纠纷；而现在"90 后""00 后"大学生个性鲜明、想法独特，更愿意在网络世界敞开心扉。

除了更愿意在网络世界表达自己的想法，马晓东笑着说现在的大学生有"两副面孔"，"很多学生在现实生活中和网络世界表现出来的性

---

①　卢欣，陈彦兵. 马晓东：这个老师有点潮　办自媒体引导学生"向善向上"［EB/OL］.（2017－11－10）.

格完全不一样。"为此，他和志愿者一起创办微信公众号，为青年提供答疑解惑、找工作、读好书推荐等服务。

大学生们万万想不到，自己的问题会被一个庞大的团队认真研究、分析再解答——公众号的运营团队集聚了1200多名各行各业精英，马晓东将学生的问题放在团队内部群供各行各业的人进行解读，然后审慎、综合地选出答案，再反馈给学生。

"知心网友"默默引导正能量

不仅如此，通过"线上沟通＋线下活动"结合，公众号组织了读书会、名人堂、招聘荟、新媒体青年领袖沙龙、荧光夜跑等活动。其中与团省委、城步县委县政府共同组织的红色文化活动——翻越老山界，重走长征路活动，得到了青年学生的广泛响应。

2014年10月20日，湖南农业大学学生、失去双亲且身患白血病的20岁宁乡姑娘李思娜终于在台湾找到了吻合度极高的骨髓配型，但是面临着巨额的骨髓移植费用，怎么办？马晓东得到这个消息后，利用个人微博、微信及时发布求助信息，并把信息通过自己的新媒体好友圈推送给大咖名博和媒体，请求他们共同转发传播帮助学生，在短短7天时间就募集爱心捐款100万元。

2017年6月18日，有学生微博私信马晓东，发了一段学生聚在寝室走廊里上数学课的视频。经调查了解，原来是期末考试来临之际，院里"学霸"段振晖同学在给备考的同学上高数课。微博发出去后，网友纷纷为"学霸"点赞。央视新闻、共青团中央微博等媒体纷纷转发报道，这一股大学寝室里的清流感动了不少人。

打开马晓东的微博，已发布近3万条信息，有一半是跟学生和校园相关，学生在微博上@他，他认真回复学生的每一条评论，并将学生意见建议集中报到学院，帮助学生解决寝室维修、热水不热、陷入校园贷等各类事情近千件，被称为"知心网友"。"当'知心网友'还不够，最希望利用新媒体平台，用喜闻乐见的方式凝聚学生，引导青年向上向善。"马晓东说。

你好，"中国好学霸"①

最近，湖南农业大学东方科技学院金融专业的段振晖在宿舍楼道里为同学补习高数的视频走红网络，网民在视频后留言，称其为"中国好学霸"。

这个"学霸"不太冷。网民一贯以苛刻著称，不太容易给人讲好话。他们之所以对这个"学霸"情有独钟，在很大程度上是因为这名"学霸"同学不但自己学业过硬，而且乐于助人。谁说大学宿舍只是打"王者荣耀"的地方？古有悬梁刺股夜读书，今有相聚楼道讲高数，高校宿舍并不缺少这样的清流。

"学霸"以学习为快乐，也以帮助别人学习为快乐。楼道里的视频并不是偶然发生、偶然被拍，"中国好学霸"也不是偶然走红。义务给同学补课，在数学协会办公室补过，在自习室补过，当然偶尔也会在楼道里补课。为了补课，这位"学霸"还专门买来了小白板。不过，"学霸"严肃地告诉媒体，这块小白板已经向老师申请报销，所以目前是学校财产。

为了照顾女同学，楼道补课还升级成为网络直播。乐此不疲到底是为了什么？别人看到的是"学霸"同学的付出，"学霸"同学自己看到的是自己的收获。他觉得补课其实不是补课，是同学间的相互帮助。同学得到了提高，他自己也从中获得了锻炼的机会，还可以收获讲课的经验。走在路上，会被人称为"段老师"，这让他觉得"被尊重"。

我们为什么要上大学？上大学是为了学习专业的知识，也是为了收

---

① 周东飞. 你好，中国好学霸 [EB/OL]. (2017 - 06 - 21).

获人生的第一桶经验。在楼道里，一个"学霸"所尝试的是一种叫作知识分享的新东西。这跟所谓的网络风口有一定关联，但联系更紧密的，应该说是一种生命的状态和生活的理念。"学霸"同学痴迷数学，把自己的数学学习心得分享给更多的人，会让平凡生活更加流光溢彩。

于他个人如此，于校园里的每个人也是如此。在高等教育日益普及的今天，上大学已经成为大多数人不可或缺的人生体验。在大学校园里的时光，我们到底要如何度过？做一个"学霸"，做一个有益于身边同学的"好学霸"，乃至于力争去做一个被网民点赞的"中国好学霸"，这都可以作为选项。

"中国好学霸"，首先在专业上要有"两把刷子"，不然要拿什么去"诲人不倦"呢？然后，还要有一颗乐于分享、热衷公益的心。知识这东西，也讲究一个"独乐乐不如众乐乐"。

第六节　学工队伍建设工程

育人先育己，高校学生工作队伍尤应如此。2004 年 10 月，中共中央、国务院下发的《关于进一步加强和改进大学生思想政治教育的意见》（中发〔2004〕16 号）文件明确指出："思想政治教育工作队伍是加强和改进大学生思想政治教育的组织保证，必须大力加强大学生思想政治教育工作队伍建设。"2016 年 12 月，习近平总书记在全国高校思想政治工作大会上再次强调："传道者自己首先要明道、信道。高校教师要坚持教育者先受教育，努力成为先进思想文化的传播者、党执政的坚定支持者，更好担起学生健康成长指导者和引路人的责任。"显而易见，加强学工队伍建设，是做好高校学生工作的先决条件和基础性工程。

一、齐抓共管，分类施策

多年来，学院在学工队伍建设上几经探索，经历了从"配齐"到"配优"、从"重使用"到"重培养"、从"单兵作战"到"团队作战"的转变，逐渐形成了以辅导员为主力军、班主任为生力军、党团学干为先遣军、银色资源为动力军的队伍格局简称"四类队伍"，具体如图 3 - 35 所示。

图 1 - 35　学院学工队伍建设工程内容系统

　　学院推进学工队伍建设工程的总体原则是"齐抓共管，分类施策"。所谓"齐抓共管"，即学院党委、行政高度重视此项工作，从学院层面做好四类队伍建设的顶层设计，先后出台了人员选配、日常管理、评优评先、津贴激励、研究支持等一系列指导性政策；所谓"分类施策"，即由学生工作部、团委牵头，协调教务、人事、财务等部门，针对四类队伍，围绕教育、管理、培养、服务等方面，出措施、搭平台、搞考核。

图 1 –36　学院辅导员招聘现场

图 1 –37　学院召开班主任工作大会

二、辅导员成长俱乐部

"辅导员成长俱乐部"是学院加强辅导员队伍建设的重要抓手。项目聚焦于提升辅导员的师德师风和业务能力，于 2016 年 3 月正式启动，由学院学生工作部牵头组织实施。

"辅导员成长俱乐部"最初局限在专家讲座，形式较为单一，课程较为单调，辅导员参与的积极性不够高，效果自然难以保障。学工部经过认真调研，逐步丰富了俱乐部的内容，经过近 3 年的发展，辅导员成长俱乐部"通过专家讲座、专题研修、同行交流、网络课堂、团体辅导、素质拓展等多种方式组织培训与学习，主要项目有"名师之声""辅导员沙龙""大咖秀""辅导员大百科""他山之石""心灵之旅""网络大讲堂""超级星期五"等，项目集学习、交流、文化和娱乐性为一体。截至目前，"辅导员成长俱乐部"下的"名师之声"栏目已开展 6 期，"大咖秀"5 期，"心灵之旅"3 期，"辅导员沙龙"11 期，"辅导员大百科"20 余场，"他山之石"共计 40 余人次。

通过"辅导员成长俱乐部"，辅导员个人可以在理论知识、业务技能和能力素质方面获得较大进步。更加难能可贵的是，项目可以最大限度整合辅导员资源，发挥辅导员优势，形成辅导员团队优势，在学生辅导、学生培训、课题研究等方面发挥重要作用。据统计，当前学院辅导员博士研究生 2 人，硕士研究生人，占比 90%，2 人具有高级职称，31 为中级职称。10 余年来，辅导员晋升更高层次管理干部或者转为其他管理岗位人数为 20 余人，成为学校管理干部的摇篮。辅导员队伍在业务研究上积极性大大提升，共计发表论文 150 余篇，省级课题立项 10 余项，1 人获批"省名师工作室"，6 人获评"省思想政治教育工作先进个人"等省级荣誉称号。

图 1-38　党代表陈小花参加"名师之声"栏目

图 1-39　"大咖秀"活动现场

三、班主任工作"新八条"

学院班主任的管理工作由学生工作部统筹，各学部学工作具体落实。2016 年，学院出台了新修订的《湖南农业大学东方科技学院班主任工作细则》，提出了班主任工作的"新八条"，全文如下。

58

1. 一年内班主任应熟悉学生基本情况，知晓学生姓名。

2. 对学部提出的本班重点辅导学生，班主任每月应有工作开展记录，依情况与家长进行必要沟通，并于每月 28 号向学部通报本班安全稳定情况。

3. 班主任应指导班委建立本班学生电子成长档案，分学期记录学生在校的学习、生活及工作等方面进步成长情况。

4. 班主任每学年对每一名学生形成一次综合表现评定上交学部，便于学部反馈至家长。

5. 班主任每月应通过听一次课或者下一次寝室，或者参加一次班级活动，或者开一次班会等不同形式深入一次班级，了解班风、学风等情况。

6. 班主任应亲自参与新生入校、毕业生离校、班委支委改选、学生评奖评优、组织推荐入党、安全稳定等重大工作。

7. 在期中、期末考试或国家（省）级英语四六级、计算机等级考试前开展考风考纪教育。

8. 每年按要求参加学部组织的班主任考核，如实向学部报告年度班主任工作开展情况。

2016 年，学院在充分总结以往班主任工作的成功经验和面临问题后，广泛开展调研，出台了《湖南农业大学东方科技学院班主任工作细则》，制定了班主任工作基本要求，既明确规定班主任工作的职责，将班主任工作落实落细，又使得班主任工作更加科学合理，不再停留在任务实现难、考核难、淘汰难的尴尬局面。为使这一政策真正落地，学院学生工作部制定了全新的《班主任工作手册》，各学部学工组专门建立班主任工作档案，对班主任工作开展情况建立台账，每月进行一次班主任工作检查和通报，并以此作为年度考核评先定等的重要依据，极大增加了班主任在思政工作中的积极作用。

在学院制定的《班主任工作手册》中（图1-40），明确了班主任工作的职责，班主任需要填好所带班级学生的基本信息、熟知班级情况，并每月按时提交班主任工作记录。各学部根据班主任填写的工作手册，每月要对班主任工作的开展情况进行检查、统计和汇总，填写《班主任工作台账》，学院学工部形成班主任工作月总结报告。

图1-40　班主任工作手册记载的班级工作计划和与学生的谈话记录

四、宝贵的"银色资源"

学院历来重视银色资源的作用，2002年建院之初，学院80%的学生班级配备了专业指导老师。这些老师全部来自湖南农业大学各学科、各领域退休的专家和教授。他们将毕生的心血奉献给了学生，在学院学生的思想引导、学业指导、品德养成和生活辅导等方面都发挥了作用。2007年开始，这些专业指导老师慢慢转化为学院关工委和督导团，继续在服务学生成长成才的道路上奉献自己的光和热。

学院着力发挥"银色资源"的动力军作用。选聘离退休干部、教师、专家建立学院关工委，在学生思想引导、学风建设、心理解惑、解决实际困难等方面发挥积极作用，推动学生工作良性发展。2015年，学校印发《湖南农业大学关工委章程》，对关工委（即关心下一代工作委员会）机构设置、工作制度、队伍建设、经费保障等进行了明确。

图 1 – 41 关工委老师指导学生活动

图 1 – 42 关工委老师检查学生档案

为深入及实际了解、掌握学生的思想、学习、生活、教育、管理等方面的情况，学院督导团、关工委每年都会经常性下课堂、下寝室，与学生开展深入的交流与指导。同时，相关负责人还会到实验室、实习基地进行督导、督学，着力对青年学生及青年教职员工进行学业指导和思想政治和道德品质教育，全面关心青少年健康成长；联系学生班级，积极参加联系班级的班会、民主生活会，督促学生毕业实习，指导学生就业和论文答辩，处理毕业相关事宜；加强与班干部的联系与交流，指导班干部开展班级工作；积极与任课老师沟通，了解学生学习情况；军训现场鼓励关怀学生，加强学生思想教育；激励学生成长成才，开展大学学生规划活动，帮助学生制定学习目标；向学生讲解传统文化，帮助学生树立的道德品质；协调同学关系，化解同学矛盾。教育和引导青少年珍惜时光，勤奋学习，注重实践，努力学习先进文化，掌握现代科学技术和劳动技能，提高服务社会、报效祖国的本领；加强身心健康教育，引导学生锻炼强健的体魄，养成良好的心理品质。在每年的新发展党员时期和毕业生党员离校期间，关工委的老师会就党员材料进行仔细地检查把关，确保党员材料的规范，以解决毕业生党员离校后党员材料方面的后顾之忧。

同学们调侃说："这些老师，就是我们在学校的'亲爸、亲妈'，平时听着他们的念念叨叨还感觉有些多余，可真正哪一天毕业离校了，没有了这些念念叨叨，反而觉得不适应，总觉得少了什么。"

案例：

春风化雨，润物无声

——访学院关工委常务副主任刘德中

"对待学生，要耐心、爱心、关心。要把学生当做自己的孩子培养……"

夕阳是美丽的，也是无私的，它在落山之前，把最后的光辉献给大地，装点江山。湖南农业大学退休老教师，年近古稀的关工委老师刘德中就像那美丽的夕阳，把光和热献给下一代事业。从 1970 年开始从事教育工作，他一干就是 47 年。47 年在历史的长河中转瞬即逝，但对他来说，是从青丝到白发，从而立到古稀。

在关心下一代的沃土上，在群众工作的田野里，辛勤耕耘，播种希望，他用自己的汗水和真情谱写一曲曲感天动地的人间大爱，发挥了"立德树人"不可替代的作用。他用坚守、善行、真爱、奉献的感人故事让我们的心灵受到净化和激励，留下心中永久的感动。

为了让"四项"教育活动开展得生动活泼有成效，他绞尽脑汁挖掘校友潜力，四处奔走。他请来了老模范、老专家给在校学生做"中华传统文化美德"教育讲座；请来了80岁的老战士、离休老干部给学生讲和平解放前夕，讲他们为了党的事业浴血奋战的亲身经历，让学生们深切感受革命先辈们为了人民的解放、为了新中国的建立，无畏艰苦、不怕牺牲的战斗精神和高贵品质。历史不应在时间里湮没，时间帮我们剔除历史的糟粕，留下的是美德，是精神，是世世代代应当牢记和传承的。刘老师一趟趟不辞辛劳地奔走，为的是新一代的青年，为的是我们祖国的未来，用他的话来说，他为的是这些可爱的孩子们。

他把"五老宣传组"的12位老师分到各年级、班级，每人与1—2名学生交朋友，以亲身经历、自身体会，与学生谈心，帮助他们树立正确的人生观、价值观、荣辱观。这位和蔼可亲的老教师，处处为学生，时时为学生，捧着一颗心来，不带一根草去，同学们也把他当作尊敬的老师、亲近的长辈。有同学说："刘老师就像家里的爷爷，很耐心，愿意和我们交谈，很多时候一些想不开的事经过他的开导，就觉得也没什么大不了的。和他交谈还可以学到很多东西，他的经历和阅历都很丰富，给了我很多对未来的选择和帮助。"他还动员其他关工委的老师，一起进课堂、下寝室，关心学生的学习生活环境、寝室环境、食堂环境，他说："希望来农大的学生有幸福感，他们的幸福就是老师的幸福就是我的幸福。"

他组织学生阅读歌颂党的书《光辉的旗帜》，指导学生写爱党、颂党、谢党的文章，举办《光辉的旗帜》诗歌朗诵会和《光辉的旗帜》讲演比赛。现在，"发挥五老优势，开展四项教育"在我校已深入人心，活动开展得有声有色。教育是丰富的，教育是潜移默化的，教育是无怨无悔的，为了让同学们得到更深入更形象的教育，刘老师不辞辛劳，事必躬亲。他不为名，不谋利，只希望学生能从中得到的更多知识，能真正体会到活动的意义和精神。

在家庭教育为何与时俱进、家长如何教好自己的孩子的问题上，他说："家长要克服教育中的简单粗暴，以德育才。对待孩子耐心细致、循循善诱，为自己子女营造温馨和谐的成长环境。"对此，他积极探索，勇于实践，开展了"亲子教育"和创建"学习型家庭"的课题实验，与家长交朋友。他认为，家庭是一个人最坚强的后盾，要全面培养一个学生，不仅要让他在学校学到东西，还要让他在家里也受到熏陶，时时刻刻都得到教育。正是这样一位全面周到有耐心的老教师，如春风，如细雨，无时无刻不在关心学生、不在为学生着想。为了深入了解学生，密切关注学生，他注重调查研究，每当得知一些学生因家庭经济困难面临辍学，他都会捐款或为其集资解难。他不顾70岁高龄，经常深入社区做志愿者协助社区做工作，主动研究学生家长思想动态，争取家长的支持。他不愿意放弃任何一位学生，在他心里，每个学生都是他的孩子。

采访中，刘老师对大家说："我主要关注的对象主要是困难学生和学生干部，有困难的学生，要尽全力帮助他们走出困难，学生干部要培养好，才能带动全班同学做好，好同学要带动稍微落后的同学。"同学情是珍贵的，是长久的，湖南农业大学毕业后50年，刘老师的同学聚会依旧是一个季度一次，一群年过半百的老人聚在一起，谈天说地。"有一次，一位老同学病了，我们给他送帮助，送温暖，虽然最后没有抢救过来，但是我们还是会尽自己最大的努力，去关心、去帮助他的家庭。"山能移，海能填，同学亲情谊永远不能断，这样一位真诚的老教师，在湖南农业大学任教47年，对学校的一草一木都有着深厚的感情，对学校的学子更是尽心竭力，诲人不倦。他希望用自己的努力，将这样的情谊一代一代传承下去，让每一个学子在人生宝贵的四年里得到更多的财富。

当问到今后有什么样的计划时，刘老师说的还是关于学生："首先应该加强青少年思想道德建设，组织深入学习贯彻党的十八大和十八届三中全会精神，开展主题教育活动。像中华经典诵读、中华优秀家规家规吟诵、向雷锋学习，这样的经典活动，能够推进我们中华传统文化教育，我们的青年大学生应该传承这样的优秀文化。同时，要继续开展第二轮'学楷模、强素质、争三好'评选活动，以形成学楷模、争三好的良好竞争的氛围。其次也要开展普法教育活动。深入推进第二届'关爱明天、普法先行'青少年普法教育活动。充分发挥省编法制教育读本的作用，扎实开展法制教育，努力提高青少年法制意识，为创建平安，法制服务。"

正是这样一位老教师，在湖南农业大学近50年，勤勉、耐心、无私，他把自己的一生都奉献给了教育事业，在他的漫漫岁月里，想得最多的是学生，做得最多的是为了学生。他化作春风、化作细雨，默默付出。他用自己的实际行动，为莘莘学子铺平求学之路。

第七节　谁不说咱"东方·红"

十六年来，随着学生党员培教工程、团员团干引领工程、心理健康关爱工程、网络思政育人工程、学工队伍建设工程的持续推进，学院学工战线在思想育人方面取得了显著成效，培育了大批信念坚定、又红又专的优秀学子，获得了主管部门、行业协会的多项褒奖，得到了社会媒体的广泛关注。概括为一句话，谁不说咱东方"红"。

一、"红"在优秀学生层出不穷

2006 年，2004 级土地资源管理专业学生谢华积极参加"湘南洪灾"抢险救援，得到时任国务院总理温家宝的高度赞许。

2007 年，王娜等 7 名同学获评"省级三好学生"；刘勇等 35 名学生获评湖南省优秀毕业生。

2009 年，于丹、吴永嘉 2 名同学被评为湖南省优秀共产党员；赵紫红同学获评"省级优秀学生干部"，2007 级国贸 4 班获评"省级优秀班集体"。

2013 年，钱文君、余晶等 54 人获评湖南省优秀毕业生。

2014 年，刘希萌、陈一凡等 13 名同学获评国家奖学金；黄丹、任烨琳等 51 名同学获评湖南省优秀毕业生；江也婷、何莹 2 名同学获评"迎实"奖学金。

2015 年，学院徐靖智、王博涵两名同学分别被美国东北大学、加州拉文大学录取。

2016 年，学院艾媛巧同学获评湖南省"百佳"大学生党员；2017 年，学院团学骨干段振辉入选中央电视台新闻频道新闻周刊专题人物。

66

2018 年，学院田鹏同学获评湖南省"百佳"大学生党员。

2019 年，李静怡、龙欢等 55 名同学获评湖南省优秀毕业生；罗原、周昆等 6 名同学获评湖南省创新创业优秀毕业生。

案例：

段振晖——《中央电视台新闻频道新闻周刊》专题人物

高数期末考试前夕，一段学院大一学生段振晖同学晚上在宿舍在楼梯口和走廊之间搭起小白板给同学补习高数的视频一经报道，引起社会各界纷纷为段同学"点赞"，《中央电视台新闻周刊》《中国日报》、中国新闻网和共青团中央等媒体相继进行报道。据悉，这并不是段振晖第一次为大家补习，从三两同学个别辅导，到寝室过道 30 人左右的集中培训，再到教室里大面积的集体学习，一直都活跃着段振晖的身影。他从进入大学开始，坚持到现在。

艾媛巧——湖南省百佳大学生党员

艾媛巧，2012 级土地资源管理学生，作为 2015 年新生巡讲团的成员之一，在校期间，担任学院学术副主席、党支部纪检委员，获得 2 次国家奖学金，国家励志奖学金，"湖南省百佳大学生党员"、校级"优秀共产党员"，多次被评为校级"三好学生标兵""优秀学生干部"等荣誉。高中的她是名列前茅的女"学霸"，是老师们眼中的重点培养对象。高考发挥失误，对她无疑是一次沉重的打击。但是，积极乐观的她很快调整好了自己的心态，锁定了新的目标：考研。最终成功的以 415 分第一名成绩被湖南农业大学录取为硕士研究生。在巡讲活动中，她娓娓道来的心路历程给当时与她有类似情况的新生极大的动力和定力。

李一沛——"十佳青年典型"

李一沛，生命科学学部 2014 级食科一班学生，担任生科学学部青志协理事长。所在的"麦芽"关爱留守儿童团队累积志愿服务时间长达 3 万多个小时，被评为"湖南随手公益湖南执行委员会成员""湖南年度优秀志愿团队"。在青志协的三年里，她和她的青志协小伙伴们一起走访汨罗市看望留守儿童、和长沙交警支队合作参加交通知识培训、组织志愿者参加长沙市高考志愿者爱心送考活动、去长沙县红枫敬老院看望老人、前往三墩乡龙板小学，为留守儿童捐赠书籍，创建爱心书屋、开展捐赠衣物活动、举办单身派对联谊、开展爱心义卖活动、申请"大手牵小手——让交通知识驻心中"的项目被评为中央财政支持项目。"小瓶大爱"活动被《中国青年报》《中国教育报》《湖南农业大学校报》相继报导，活动所得资金全部纳入青志协基金会用于留守儿童帮扶等爱心服务活动。

"学霸"党支部——考研录取率百分百

2017 年，在人文学部英语第一党支部 8 名毕业生党员中，3 名党员获国家励志奖学金。其中 1 名党员获得 2 次国家励志奖学金，4 人多次获得学院奖学金。8 名党员每年均有获得院级、校级优秀团员、优秀团干、优秀学生干部、三好学生标兵等荣誉称号，2 名党员为优秀毕业生。2017 年 9 月，8 位毕业生党员全部考取硕士研究生。

李圣谦——抢险救灾中的优秀党员

2017 年夏天，湖南连续大暴雨，水位持续升高，湖南涟源桥头河镇观澜社区发生严重的洪涝灾害，导致社区一条街道大部分房屋倒塌，学院 2015 级土木工程一班学生李圣谦同学具有党员先进性，起到模范带头作用，第一时间参加到观澜社区党员干部组织的抢险救灾队伍中，汛期协助疏散人群，确保秩序稳定；帮助群众转移财产，降低财产损失；灾后重建工作中表现尤为突出，对倒塌房屋及时进行清理，不怕脏，不怕累，以实际行动践行"两学一做"精神，收到《中国组织人事报》报社记者的采访，以及桥头镇领导及观澜社区党委表彰。

厉害了，学霸级的学生会主席

田鹏，男，湖南农业大学东方科技学院生命科学学部2014级烟草1班学生，湖南农业大学东方科技学院学生会主席。先后荣获国家奖学金，两次获评"湖南农业大学三好学生标兵""湖南农业大学优秀学生干部"。主持了一项创新性实验项目和一项学院团委专项项目。目前大四的他已经拿到澳洲昆士兰大学和澳洲国立大学研究生的录取通知。在QS 2016/2017世界大学排名中，澳大利亚国立大学排名22（清华大学排名24，北京大学排名39）。

二、"红"在各方赞誉接踵而至

2006年，学院获评"全国教育教学管理示范院校"，获评"全国创建文明校园示范院校"。

2007年，学院获评"全省高校先进基层党组织"荣誉称号。

2009年，学院荣获"湖南省高等学校毕业生就业工作先进单位"。

2010年，学院荣获"全国先进独立学院"。

2012年，学院荣获"湖南省普通高等学校学籍学历管理工作先进单位"。

2014年，学院学生党建"四个一"先锋计划荣获第三届全国民办高校党的建设和思想政治工作优秀成果一等奖（图1-43）；学院获评全国素质教育示范院校。

图 1－43

2015 年，学院农学学科在全国独立学院中稳居第一，学院综合实力在 322 所独立学院中排名第 52 位，是湖南省唯一一所进入前 100 名的独立学院。

2016 年，学院思想育人经验在中国独立学院协作会年会暨全国独立学院第十二次峰会上做典型发言，受到了参会单位的一致好评。

2017 年，学院荣获"全国第九届高校校园文化建设优秀成果推选展示二等奖"。

2018 年，学院学生考研率达 13.01%，升学率位居全国独立学院前列，全省独立学院第一。

三、"红"在社会影响日益扩大

2005 年 6 月 1 日，《科技导报教育周刊》以《构建学子们的"心灵家园"》为题，详细报道了学院心理健康教育工作的特色做法（图1－44）。

2012 年 6 月 28 日，《中国教育报》以《"东方"韵出学子别样风采》为题，专版报道了学院办学十周年显著成绩（图1－45）。

2012 年 7 月 10 日，《中国教育报》以《走向"积极"创新大学生

图 1-44

图 1-45

心理素质教育之路》为题，专版报道学院心理健康教育创新与发展之路（图 1-46）。

2016 年 4 月 1 日，红网以《湖南农业大学东方科技学院学生辅导员有了"新家"》为题，报道学院辅导员成长俱乐部的挂牌成立（图 1-47）。

2016 年 5 月 26 日，湖南教育网以《湖南农大东方学院开展贷款毕

图 1 - 46

图 1 - 47

业生诚信教育会》为题，对学院贷款毕业生开展诚信教育工作进行专版报道（图 1 - 48）。

2016 年 9 月 22 日，湖南教育网以《湖南农大东方学院举行预防电信诈骗讲座》为题，对学院进一步提高学生的防骗、识骗的意识和能

图 1 - 48

力的工作进行了报道（图 1 - 49）。

图 1 - 49

2016 年 10 月 19 日，湖南教育网以《湖南农大东方学院举行优秀大学生巡讲活动》为题，对学院优秀大学生的巡讲工作的顺利、出色完成进行专版报道（图 1 - 50）。

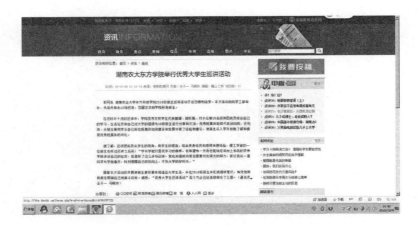

图1-50

2016年11月7日，《湖南日报》以《"雷锋热线"，那头有"我"》为题，对人文学部副主任赵文力老师在学院创建"雷锋热线"、十年来帮助上千名大学生的优秀事迹进行专版报道（图1-51）。

图1-51

2017年6月24日，中央电视台以"学霸的楼道课堂"为题，对金融学专业段振晖同学的优秀事迹进行了综合报道，人民网、新华网、凤凰网等40多家主流媒体对此进行了转宣。

　　2017 年 9 月 2 日，《湖南日报》以《马晓东：做学生的"知心网友"》为题，报道学院辅导员马晓东老师自 2010 年向学生公开微博后至今，已发布近 20000 条与学生和校园相关的微博，帮助学生解决寝室维修、热水不热、陷入"校园贷"等各类问题近千件，成为学生的"知心网友"（图 1－52）。

图 1－52

第二章

02

因时而进：文化筑梦强素质

第一节　润物细无声

文化是大学的灵魂。古人云："观乎天文，以察时变；观乎人文，以化成天下。"以文化人，犹如春风化雨，润物无声。毫无疑问，加强文化育人工作应是高等教育的永恒话题。对高校学工战线而言，在文化育人这篇大文章中应有所为，且大有可为。十六年来，学院学工系统遵循"因时而进"的理念，聚焦于增强学生的"文化自信"，在继承发扬优秀传统文化的基础上，一方面准确把握工作的时代性，根据"时代特征"更新进步思想观念、理念思路，另一方面强化工作的灵活性，根据"时代要求"改进措施、方法和手段，立足自身实际和学生需求，着力培育"好学上进、健康活泼"的第二课堂文化品牌，积极助推学院文化育人工作，取得了累累硕果。

一、习近平总书记有关文化育人的重要论述

党的十八大以来，习近平总书记多次在重要场合针对"文化育人"的重要性和必要性发表重要论述，为新时期高校特别是高校学工战线推进相关工作提供了动力和指引。

2013 年 2 月 24 日，习近平总书记在中共中央政治局第十三次集体学习中指出："中华文化源远流长，积淀着中华民族最深层的精神追求，代表着中华民族独特的精神标识，为中华民族生生不息、发展壮大提供了丰厚滋养。""对历史文化特别是先人传承下来的价值理念和道德规范，要坚持古为今用、推陈出新，有鉴别地加以对待，有扬弃地予以继承，努力用中华民族创造的一切精神财富来以文化人、以文育人。"

2013 年 11 月 26 日，习近平总书记在山东曲阜考察时强调："一个国家、一个民族的强盛，总是以文化兴盛为支撑的，中华民族伟大复兴需要以中华文化发展繁荣为条件。"

2014 年 12 月 20 日，习近平总书记在考察澳门大学横琴新校区时寄语青年学子："中华文化源远流长、博大精深，如同一座宝藏，一旦探秘其中，就会终生受用。我们要取其精华、去其糟粕，赋予中华传统文化以新的时代内涵，使之成为我们的精神追求和行为准则。"

2016 年 7 月 1 日，习近平总书记在在庆祝中国共产党成立 95 周年大会上发表讲话时指出："全党要坚定道路自信、理论自信、制度自信、文化自信。""文化自信，是更基础、更广泛、更深厚的自信。"

2016 年 12 月 7 日，习近平总书记在全国高校思想政治工作会议上强调："要更加注重以文化人以文育人，广泛开展文明校园创建，开展形式多样、健康向上、格调高雅的校园文化活动。"

2018 年 9 月 10 日，习近平总书记出席全国教育大会并发表重要讲话时强调："要把立德树人融入思想道德教育、文化知识教育、社会实践教育各环节，贯穿基础教育、职业教育、高等教育各领域。"

图 2－1　学院 2018 级新生成人礼晚会

图2-2 学院第二届"东方韵"文化艺术节

二、高校学生工作中的文化育人

文化育人工作是一项宏大的系统工程，高校学工战线如何找准自身在其中的定位？如何具体开展工作？学院学工战线多年来主要从以下3个文件加以把握。

首先，2004年12月教育部、共青团中央下发的《关于加强和改进高等学校校园文化建设的意见》（教社政〔2004〕16号）。文件中明确指出，积极开展校园文化活动，寓教育于文化活动之中，促进大学生思想道德素质、科学文化素质和健康素质协调发展；要精心设计和组织开展内容丰富、形式新颖、吸引力强的学术科技、文娱体育等校园文化活动；要充分利用重大节庆日和纪念日，开展主题教育活动；要全面实施"大学生素质拓展计划"，通过办好大学生科技文化节、大学生"挑战杯"、大学生艺术节、大学生运动会等活动，不断提高大学生的综合素质；要积极开拓校园文化建设新载体，充分发挥大学生社团在校园文化建设中的重要作用，大力扶持理论学习型社团，热情鼓励学术科技型社团，正确引导兴趣爱好型社团，积极倡导社会公益型社团。

其次，2014 年 10 月教育部党组、共青团中央印发的《关于在各级各类学校推动培育和践行社会主义核心价值观长效机制建设的意见》（教党〔2014〕40 号）。文件明确指出，要推动社会主义核心价值观融入文化育人。通过编写传唱社会主义核心价值观童谣诗歌，以视频、动漫、微电影等形式，创新主题教育活动形成校园文化品牌；要抓住民族传统节日等契机，通过讲故事、谈人物等方式，加强民族传统体育项目、艺术形式的宣传推广，加强优秀传统文化和传统美德教育；要充分利用现有平台繁荣校园文艺创作。激发师生自主创作能力，打造一批以爱国将领、革命英雄、科学先驱等为原型的歌舞剧、话剧，组织推动校内、校外巡演。

最后，2017 年 12 月教育部党组印发的《高校思想政治工作质量提升工程实施纲要》（教党〔2017〕62 号）。文件明确提出，文化育人质量提升体系。要求注重以文化人以文育人，通过节庆活动、文艺活动、主题教育活动等深入开展中华优秀传统文化、革命文化、社会主义先进文化教育，推动中国特色社会主义文化繁荣兴盛；要推进中华优秀传统文化教育，实施"中华经典诵读工程""中国传统节日振兴工程"，开展"礼敬中华优秀传统文化""戏曲进校园"等文化建设活动；要挖掘革命文化的育人内涵，实施"革命文化教育资源库建设工程"，组织编排展演一批以革命先驱为原型的舞台剧、以革命精神为主题的歌舞音乐、以革命文化为内涵的网络作品；有效利用重大纪念日契机和重点文化基础设施开展革命文化教育。要开展社会主义先进文化教育，开展高校师生社会主义核心价值观主题教育活动，推广展示一批社会主义核心价值观教育典型案例，选树宣传一批践行社会主义核心价值观先进典型。大力繁荣校园文化，创新校园文化品牌，支持师生原创歌剧、舞蹈、音乐、影视等文艺精品扩大影响力和辐射力。

图2-3 母体学校领导观看学院学生专业作品展示

图2-4 学院学生参加健美操比赛

资料：

浙江大学积极探索文化育人思想政治工作新模式①

浙江大学始终坚持"育人为本、德育为先"的教育理念，把大学

① 中华人民共和国教育部. 浙江大学积极探索文化育人思想政治工作新模式［EB/OL］. 中华人民共和国教育部政府门户网站，2015-06-19.

83

文化建设融入大学生思想政治教育工作，积极探索思想政治工作新途径，切实增强思想政治工作的感染力和有效性。

传承文脉，提升"文化认同"。多渠道承继与弘扬优秀传统文化。开设《史记》《通鉴》《四书》《周易》等中国传统文化课程，发挥课堂主渠道作用；培育支持黑白剧社、婉云京剧社、梵音剧社等学生文化类社团，开展国学成人礼、"三月三"诗会等传统活动，营造"礼敬中华优秀传统文化"的浓厚氛围。多载体铸就与弘扬"求是文化"。大力建设并充分挖掘求是书院文化群、校史馆、竺可桢纪念馆、西迁纪念碑亭等校园景观的道德潜化育人功能；在全国范围连续多年公演大型原创话剧《求是魂》，与中央电视台等协作摄制《大学》《校训是什么?》《抉择1949：竺可桢》等视频，传播与弘扬"求是文化"。

践行人本，促进"价值认同"。助成长、造氛围。每年选聘德才兼备、教学科研能力强的高层次人才担任学生的"新生之友"；举办"心平奖教金""三育人"标兵等评选活动，选塑爱生重教、爱岗敬业标兵。凝人心、聚共识。每年定期开展"书记有约""校长有约"活动，激发学生参与学校民主管理的积极性；举办"浙江大学学生节"、建设"师生交流吧"等品牌活动，创新大学生认同社会主义核心价值新途径。帮扶济、暖人心。强化基层党组织政治堡垒作用，落实学生基层党组织"五个必访"关爱帮扶制度；发挥学生会、研究生会、博士生会桥梁纽带作用，营造心齐气顺共谋发展的大好氛围。

借力网络，引领"政治认同"。建阵地、重引导。学校依托47个部门院系、学生组织等，建成610余个主题网站、125个新媒体平台及学生团队为主运营的校报、广播台、电视台等，形成传播合力，提升网络影响力。抓队伍、树公信。按"核心＋骨干＋基础"的组织模式，建立党政干部、一线教师、辅导员、学生骨干等网络意见领袖、网络评论员队伍；建设以"浙江大学微讯社""求是潮""新青年传媒"等为代表的全校性学生网络育人基地。创作品、赢认同。编撰《全国高校网络文化月度热点指南》，开展"浙江大学十大学生网络文化工作室评选"，推出《"理想微点名"系列》《浙江大学也有简历?》等文化产品，让网络文化正能量贴近学生、走进心田。

三、学院文化育人的体系构架

发展至今，学院学工战线形成以专业文化育人工程、艺体文化育人工程、典礼文化育人工程、社团文化育人工程为主要内容的文化育人体系，整体构架如图2－5所示。

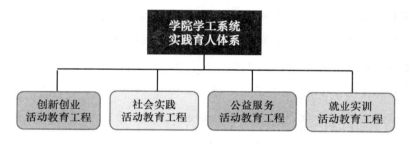

图2－5 学院学工战线文化育人体系构架

其中，专业文化育人工程旨在提升学生对自身专业的认识，激发学生专业学习的兴趣，由学院各学部团总支具体组织实施；艺体文化育人工程旨在提升学生的艺术修养、审美能力和身体素质，由学院团委牵头组织实施；典礼文化育人工程旨在提升学生的责任感和使命感，由学院团委、学生工作部牵头组织实施；社团文化育人工程旨在增强学生个性、丰富校园活动，由学院团委牵头组织实施。

案例：

五音律弹出成长七彩蹊径①

第十一届全国"挑战杯"大学生课外学术科技作品竞赛一等奖、第十一届全国"挑战杯"大学生课外学术科技作品竞赛世博会专项一等奖和二等奖、全国首届大学生茶艺技能大赛团体组一等奖、全国大学生动物医学专业技能大赛一等奖、第三届全国大学生数学竞赛一等奖、亚太大学生机器人大赛全国十六强、全国 CCTV 英语演讲比赛获湖南赛区团体一等奖、湖南省大学生数学竞赛一等奖、全国大学生数学建模竞赛湖南赛区三等奖、中南地区结构模型设计大赛二等奖、湖南省第九届大学生运动会第一名、省高校大学生体育舞蹈邀请赛大学组大众三级一等奖……东方科技学院的众多学子取得的诸多荣誉，得益于东方科学院领导和师生共同弹奏的"五立"强音。

学院用"东方红"思想道德活动教育、"东方坛"学术科技活动教育、"东方行"社会实践活动教育、"东方韵"文化艺术活动教育和"东方杯"体育活动教育 5 个系列学生活动教育体系，塑造了学生的"德""智""能""雅""强"。体系的研究也因为独特而新颖获得了省社科基金课题。在思想道德活动中，坚持立德为本，以"团的民主生活会"为出发点，开展"三观、三心、三义"系列教育活动，强化学生思想素质提升；在学术科技活动中，坚持立智为重，以"学术讲座学生作"为创新点，"以学生为本、继承与创新并举、普及与提高并重、学科交融与专业优势并进"，激发了学生们的专业学习兴趣，营造了良好的专业学习氛围；在社会实践活动中，坚持立能为先，探索开展

---

① 刘飞，裴昌胜. "东方"韵出学子别样风采［N］. 中国教育报，2012 – 06 – 28（4）.

"课题式大学生'三下乡'"社会实践活动，鼓励学生带"课题"下乡，通过社会调研、文化艺术服务、科技兴农服务和暑期支教活动等方式，鼓励大学生积极承担社会责任，敏于发现、勇于分析和善于解决各类现实问题；在文化艺术活动中，坚持立才为优，以"融入专业元素"为着力点，结合专业特色形成了"'经'寓满堂""'新'随'理'动""印象人文""生命之缘"等专业文化活动品牌，充分展示了文化艺术与学科专业的完美结合，凝练了具有东方神韵的校园文化特色，共获得文化艺术类竞赛国家级奖励8项、省级奖励32项；在体育活动中，坚持立强为辅，以"发展群众体育"为切入点，通过每年的运动会、篮球赛等，使同学们在和谐、平等、友爱的运动环境中，既增强了体质又感受到了集体的温暖和情感的愉悦。2011年，东方科技学院学生获得的国家级、省级学术竞赛奖励就达130余项。

第二节　专业文化育人工程

专业文化建设是高校增强专业教育实效、提升人才培养质量的重要抓手。良好的专业文化氛围，对于大学生学好专业知识、掌握专业技能、拓展专业素质有着重要的推动作用。一直以来，无论是"985"高校、"211"高校，还是地方院校、高职高专都十分重视专业文化建设工作，在专业制度文化建设、专业精神文化建设、专业环境文化建设、专业职业文化建设、专业学术文化建设等方面均形成了各自特色。当前，伴随着"双一流"时代的来临，高校间的竞争真正落脚到了学科专业间的竞争，高校专业文化建设正式迈入崭新时代。

一、助力第一课堂

学院人才培养目标在于培养应用型人才，但开设专业主要依托为母体学校的学科资源，授课专业教师也主要来自母体学校。虽与母体学校办学融为一体，但学生在生活园区、休息时间能得到的专业熏陶和指导相对较少，基于这一实际，学院学工战线主动助力第一课堂，通过创新开展一系列形式多样、丰富多彩的第二课堂专业文化活动，浓郁学院专业文化氛围，打造了具有自身特色的长效育人平台。

发展至今，学院学工战线形成了以"赢在经管"专业文化节、"创新理工"专业文化节、"风采人文"专业文化节、"魅力生科"专业文化节四大品牌为主要内容的专业文化育人体系，具体如图 2－6 所示。

图2-6 专业文化育人工程内容体系

二、"赢在经管"专业文化节

"赢在经管"专业文化节是学院经济管理学部团总支开展的专业文化品牌项目，主要包括成功举办10届的"营销大赛"、成功举办6届的"点钞大赛"等活动，每年吸引近800人次的学生参与。

图2-7 经管学部"营销大赛"

图2-8 经管学部"点钞大赛"

当前，学院经济管理学部主要开设了金融、会计、市营等专业，通过广泛参与各类专业文化活动，涌现了贺靓、唐浩强、张雨苗等典型个人，以及 2013 级市营学生团队、2014 级国贸学生团队、2015 级国贸学生团队等优秀团队。

特别值得一提的是，2013 级国贸学生团队获得了 POCIB 全国大赛（秋季赛）团队特等奖，2013 级市营学生团队获得湖南省"互联网＋"大学生创新创业暨营销策划大赛二等奖。2014 级、2015 级、2016 级国贸学生团队均获得了 POCIB 全国大赛团队一等奖。

资料：

金融类专业"点钞大赛"

项目 1：竞速点钞。每场 8 人一组（按参加人数分配），每人一叠 80 张，限之间时 30 秒数完后将数字写于纸上，规定时间内在准确度的基础上按张数排名，若选手所写数字少于实际张数，与实际相差 1 张在其写于纸上张数减 5 张（以此类推），若多于实际张数 1 张则按少于实际 1 张的数量计算（以此类推），并与少于实际张数规则相同。

项目 2：点钞扎把。每场 5 人一组（按参赛人数定），裁判下"开始"命令后，选手开始点钞，限时 1 分钟，选手须每数 30 张钞票（暂定）扎把成一垛，依次扎把成垛。在规定时间内只记已成垛的钞票成绩，未成垛的钞票不计数。每垛钞票与实际数量相差 1 张则在 30 张的基础上减 5 张（以此类推），若正确则为 30 张。最后每组按钞票张数排名，并取 5 人组前 3 人进入复赛（按参赛人数定）。

项目 3：障碍点钞。裁剪与钞票大小相等，质感相似的若干白纸，穿插在各叠钞票中（钞票和白纸数量待定）。选手每 5 人一组，裁判下"开始"命令后，选手开始点钞，时间为 30 秒，在点钞的同时将点到的白纸拿出来，点完后写下白纸数和钞票数。

项目 4：竞技点钞。使用相同张数不同面值的纸币（100/20/10/5 面值的钞票）穿插一起放入信封。准备 20 个信封，放入一定数量的钞票，让选手自行选择信封进行比赛，限时 30 秒，在裁判下"开始"口令后，选手方可拆信封进行点钞，点完之后记下钞票数量。选手所点出钞票与实际钞票差 5 块减一分（以此类推），若正确则加 5 分。

项目 5：夹气球点钞。每位选手寻求一位搭档进行比赛，两组两组的进行比赛，比赛开始时，每组分配到一叠钞票，每叠钞票数量在 75—80 张之间，并且与搭档对半数钞票，结束后两人数的钞票数相加，进行最后的成绩评定。

三、"创新理工"专业文化节

"创新理工"（图 2-9）专业文化节是学院理工学部团总支开展的专业文化品牌项目，主要包括成功举办 9 届的机械制图大赛、成功举办 4 届的电子商务大赛等活动，每年吸引近 700 人次的学生参与其中。

图 2-9　理工学部 ERP 大赛

图 2 – 10　理工学部程序设计大赛

当前，学院理工学部主要开设了工程管理、机械设计制造及其自动化、汽车服务工程、计算机科学与技术、土木工程、水利水电工程、电子商务等专业，通过广泛参与各类专业文化活动，涌现了赵贤阳、王超、罗原等典型个人，以及"六六卡""自信科技"等优秀团队。

特别值得一提的是，祝心怡同学的"跨境王者联盟"团队在 2017"敏学杯"首届跨境电商创新实践大赛全国总决赛中获得一等奖，黄志程同学团队在第三届全国大学生环境生态科技创新大赛中获得二等奖等。

资料：

机械制图大赛

软件制图是理工科学生必修的学科之一，通过活动展现数控与自动化系专业技能风采，让我们能够更深层次地熟练、掌握专业技能。同时也为了进一步地配合学院的升本工作建设，提供一个和谐的学习氛围。结合机械制图、AutoCAD 软件、画法几何等相关课程，激活学生加强学习的兴趣，同时强调学生平常学习的持久性和积累性，为今后的学习起到积极的推动作用。

1. 根据轴测图绘制三视图，即给定零件的轴测图及尺寸，根据机械制图的规范利用 AutoCAD 软件绘制零件的三视图。

2. 根据图形抄画图纸并标注其技术规范，即给定一个较复杂图形，然后根据机械制图的规范利用 AutoCAD 软件，并标注及尺寸公差、形位公差及相关的技术要求等。

3. 根据图片抄画出图纸并查询相关几何参数，即给定一个比较简单的几何形状，利用 AutoCAD 软件绘画出图形，并利用其功能查询图形相关的几何参数。

每位参赛者必须完成上述 3 项内容的比赛，并在规定时间内按要求完成比赛内容。完成的任务直接上传到计算机教师电脑上，参赛选手的成绩评定由大赛技术工作委员会的裁判组负责。

四、"风采人文"专业文化节

"风采人文"专业文化节是人文社会科学学部（以下简称人文学部）团总支开展的专业文化品牌项目，主要包括成功举办 4 届的模拟法庭、举办 6 届的外文风采大赛等活动，每年吸引近 600 人次的学生参与其中。

当前，学院人文社会科学学部主要开设了英语、法学、应用心理学、艺术等专业，通过广泛参与各类专业文化活动，涌现了艾媛巧、陈聪等典型个人。

特别值得一提的是，朱洪广同学获得全国大学生艺术展演一等奖，雷逸伦、李杜娟 2 位同学获得外教社杯湖南省高校跨文化能力大赛一等奖，张慧同学获得湖南省第十一届大学生运动会阳光体操节街舞组第一名等。

图2-11 人文学部外文风采大赛　　图2-12 法学专业法制扶贫宣讲团下乡

资料：

模拟法庭

模拟法庭一直被各法学院广泛采用，是法律实践性教学的重要方式。模拟法庭通过案情分析、角色划分、法律文书准备、预演、正式开庭等环节，模拟刑事、民事、行政审判及仲裁的过程；通过案情分析、角色划分、法律文书准备、预演、正式开庭等环节，模拟刑事、民事、行政审判及仲裁的过程，调动了学生的积极性与创造性、提高了法律文书的写作能力。在各种实践性教学方法中，模拟法庭教学法有着无可比拟的优越性。

课堂教学普法教育的内容需要与社会实际紧密联系，"模拟法庭"形式特殊，教育效果尤为明显。通过参与模拟法庭活动，学生不仅能较好地做到理论与实际有机结合，而且同时也提高了积极性，锻炼了多种能力。

在"仿真"的状态下，通过对所选择案件的重演或者预演，使学生熟悉司法审判的实际过程，熟悉与案件相关的实体法，通过"亲身，亲历"，参与模拟法庭活动，培养和锻炼学生发现问题、分析问题和解决问题的能力，提高学生语言表达能力、组织协调能力。多年来，学校每学期定时组织模拟法庭活动，涉及交通安全、正确交往、尊老爱幼等学生生活各个方面，受到学生广泛欢迎，取得了良好的效果。一个完整的模拟法庭活动一般分为两个阶段，即前期准备阶段和模拟庭审阶段。

（一）前期准备阶段

1. 选择典型案件。所选案件是否适当是模拟法庭活动能否取得良好结果的关键。太简单的案件难以引起学生兴趣，太复杂的案件往往又使学生如堕云雾，不知所以。因此，学校为选择那些有一定代表性和社会影响力、贴近学生生活，特别是近年司法实践中出现的新型案件。

2. 有序组织学生参与模拟法庭活动。模拟法庭作为一种普法教育方法应当吸引尽可能多的学生参与，但是在模拟法庭活动初期却出现只有部分学生参与的情况。那些平时学习好、表达能力强、组织协调能力强的学生往往是积极参与模拟法庭活动的学生，而学生中学习成绩一般或较差的同学、表达能力较弱的同学往往置身于模拟法庭活动之外，或者在活动中只充当观众。为改变这种状况，学校一方面规定学生必须轮流充当模拟法庭活动中的角色，如当模拟原告、被告、法官或原告代理人、被代理人等，并且指定学生应当完成其中一定任务，如收集证据、撰写代理词、辩护词、判决书等，以此来推动学生参与模拟法庭活动；另一方面，将学生参加模拟法庭活动并取得相应学分纳入学生综合素质考评，以此保证每个学生都能参与和投入模拟法庭活动。

3. 到法院庭审现场旁听，熟悉庭审程序和要求；配备富有经验的教师指导学生进行模拟法庭的各项准备工作。模拟法庭活动质量高低、能否成功，取决于学生事先的准备工作。为使模拟法庭活动不至流于形式，学校安排了专人教师指导学生进行模拟法庭的准备工作，即进行模拟法庭的模拟训练。

（二）模拟庭审阶段

模拟庭审力求真实。为保证模拟庭审与现实的司法实践相一致，学校组织学生观摩、旁听法院公开庭审活动，近距离学习、观摩现实的司法实践活动。在模拟庭审前学校还邀请了富有实践经验的法官、检察官对学生进行有针对性地指导，使学生理解自己所担任的"角色"。同时，在硬件方面，我们按照法院审判庭的标准仿制了法院的审判席、原告席、被告席、国徽等，并借来法官袍、律师袍，力求学生在模拟审判中"真刀真枪"地进行审判。

五、"魅力生科"专业文化节

"魅力生科"专业文化节是学院生命科学学部团总支开展的专业文化品牌项目，主要包括成功举办 10 届的园林专业景观设计大赛、成功举办 4 届的动物专业技能大赛、成功举办 5 届的食品文化大赛，每年吸引近 500 人次的学生参与其中。

图 2-13　生命科学部"卓越杯"绘图大赛

图 2 – 14 生科学部动物医学专业技能大赛

当前，学院生命科学学部主要开设了园林、动物医学、动植物检疫、生物技术、食品科学与工程、食品质量与安全等专业。通过广泛参与各类专业文化活动，涌现了刘旺、王涛、张倩格等典型个人，以及黄燕老师、周兵老师、罗媛媛老师等优秀团队。

特别值得一提的是，周兵老师团队和罗媛媛老师团队在 2017 "园冶杯" 大学生国际竞赛中获得优秀奖，黄燕老师团队在 2018 年 "梦想家" 建造节中获得三等奖。

资料：

动物专业技能大赛

动物专业技能大赛旨在让动物医学、动植物检疫专业的同学明确动物科学专业的核心技能是什么，同时通过比赛规范实验操作，提高学生动手能力，进一步推进高等院校动物科学专业实践教学改革和实践教学体系建设，加强专业技能和实践动手能力培养，全面提高大学生的综合素质和培养质量，营造良好的学习、学术氛围。

（一）项目1：生态畜牧场规划设计

1. 主题。以动物健康生态养殖为主要产业，向市场提供"健康、优质、安全的畜产品"为主要目标，选择适合当地发展的养殖模式。

2. 条件。不超过200亩土地面积，根据当地的地形地貌特点，选择有代表性的建设地点。

3. 评判内容。设计方案、展板和图纸、现场展示与答辩

（二）项目2：猪的外形评分及活体背膘厚测定

1. 猪的外形评分。品种识别、公母识别、体质描述、结构发育描述、头颈部描述、前躯描述、中躯描述、后躯描述、毛色及皮色描述、生殖器官描述、综合评分。

2. 体背膘厚测定。活体超声测膘仪的正确连接及使用、测量位置涂耦合剂、活体背膘厚测定、猪只背腰部是否平直、测定部位是否正确、背膘厚的准确读数。

食品文化大赛

中华饮食文化博大情深、源远流长，在世界上享有很高的声誉。中国人讲"吃"，不仅仅指一日三餐，解渴充饥，它往往蕴含着中国人认识事物、理解事物的折理。如今，饮食文化又出现了新的时代特色，于色、香、味、型外又讲究营养。大学生应该感受周华饮食的魅力。为培养同学们的饮食情趣，使健康饮食、特色饮食深入人心，吃出营养、吃出健康、吃出生活、吃出精彩，培养同学们的表演能力和社会适应能力，展示餐组师傅的精神面貌，丰富同学们的校园生活，提高同学们团队合作意识，弘扬我国的饮食文化。

（一）项目1：水果蛋糕设计大赛

当代大学生正处于朝气蓬勃的时期，他们激情四射、创意无限，想法繁多、渴望创新，盼望自己的独特想法得到任课，需要一个平台展现

他们丰富的想象力及创造力，所以借助水果蛋糕涉及大赛可以提高他们的动手能力，展现他们独特的个性，满足他们尝鲜的性格，挖掘更多有创新能力的人才，让他们把自己的专业只是用到活动上，促进自身的全面发展。

（二）项目 2：创意包装设计大赛

竞赛以推动绿色包装的发展为目标，多方面培养大学生的创新思维，提高包装结构设计和工程实践能力，以发现人才、培养人才为途径，旨在为本校食品科学专业的同学提供创造力和学习交流平台，激发大学生的创新灵感，促进教学与实践的结合，提高其创新意识和实践能力。

（三）项目 3：食品安全知识竞赛

食品安全问题越来越成为当今社会一大焦点并被世人关注，食品健康与安全在近几年也成为大众茶余饭后的热点话题。本着向我校学生普及食品安全相关知识的宗旨，同时让广大学子感受到食品文化节的独特魅力，推广科学健康饮食的良好生活观念，让广大学子在竞赛中了解食品安全相关知识有助于提高学生综合素质，促进他们全面发展。

第三节　艺体文化育人工程

体育强健人的体魄，艺术净化人的心灵。加强艺术育人、体育育人对于培养高素质的接班人和建设者意义重大。从1999年中共中央、国务院颁布《关于深化教育改革，全面推进素质教育的决定》，2002年中共中央、国务院专门下发《关于进一步加强和改进新时期体育工作的意见》，到2005年全面实施"高雅艺术进校园活动"，2015年国务院办公厅印发《关于全面加强和改进学校美育工作的意见》，再到2018年9月，习近平总书记在全国教育大会上再次强调"必须坚持中国特色社会主义教育发展道路，培养德智体美劳全面发展的社会主义建设者和接班人"，无不体现出党和国家对此工作的高度重视。

一、主打"两节"品牌

学院艺体文化育人工程主打的"两节"品牌分别为"东方韵"文化艺术节（图2-15）和"东方杯"体育运动节。自2006年创办以来，"两节"已成功举办12届。

"东方韵"文化艺术节涵盖开幕式晚会、团支部风采大赛、文化类竞赛、艺术类竞赛和闭幕式晚会5个板块。各类活动覆盖全院50%的学生，"感悟东方"演讲赛（图2-16）、"美印东方"校园文化作品比赛、"东方之星"才艺大比拼等独具有特色的文化艺术竞赛活动，为学生提供充分的学习机会和展示平台。近年来，涌现出的优秀学生参加国家、省大学生艺术展演、青年文化艺术节等各项文化艺术竞赛，斩获荣誉达100余项。

图 2 – 15　学院第三届"东方韵"艺术文化节

图 2 – 16　学院"感悟东方"演讲比赛

　　"东方杯"体育运动节涵盖开幕式、师生三走活动、球类竞赛、田径运动会、闭幕式 5 个板块。每年定期开展的"东方杯"足球赛，以及"东方杯"新生男子篮球赛（图2-17）、田径运动会等体育赛事（图2-18），强化学生的健体意识，激发学生的运动热情。师生"三走"活动，更是将老师传统的静态教学变化为具有活力的动态印象，营造老师、学生零界限相处的氛围，推动学生健康生活、积极运动、快乐学习。

图2-17 学院第九届"东方杯"新生男子篮球赛

图2-18 学院第十届田径运动会

学院团委将宣传为引，以竞赛为线，搭建从学生到老师、从学部到学院、从校内到校外完整的艺体文化育人体系。当前，学院"艺体文化育人工程"的内容体系如图2-19所示。

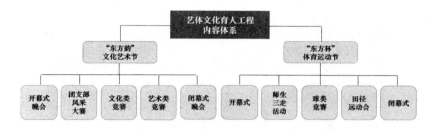

图 2-19　学院学工程战艺体文化育人工程体系

二、"我团故我在"团支部风采大赛

学院全面贯彻落实国家方针政策，在学生管理工作过程中，牢记习总书记提出的"人人享有人生出彩机会"的宗旨，致力于创建大众舞台。学院团委于2005年创办的"我团故我在"团支部风采大赛（图2-20、图2-21）艺术文化育人品牌活动，至今已成功开展13届，每年吸引约50个基层团支部，1400余人参与其中，主要设置新媒体秀、团刊秀、才艺秀等环节。团支部风采大赛旨在通过开展以基层支部为单位的集体活动，提高班级融洽度和凝聚力，为学生们提供展示自我的平台，让每一个学生有出彩的机会。

比赛不只是以团支部为单位，还需要老师共同参与，各团支部邀请老师共同进行文化表演，给学生与老师之间搭建沟通的桥梁，让师生之间发现对方不同的一面，拉近师生距离。师生通过活动慢慢接触、了解，加深了感情，形成一种温暖、和谐的关系。

同时以大赛为桥梁，学院全面加强大学生思想政治教育、成长成才教育和社会主义核心价值体系教育，将文化艺术和思想育人紧然结合，营造和谐的校园文化氛围。团支部风采大赛特色活动的创新趣味性，吸引了众多同学的积极参与，在学生中得到了高度认可，也为每个学生都提供了一个展现自我风采的舞台。

图 2－20　学院第二届团支部风采大赛

图 2－21　学院第十三届团支部风采大赛

案例：

湖南农大八年坚持办团员青年的"快乐大本营"①

本报讯（记者 洪克非 通讯员 李毅 朱恒熠）每年春季开学后，在中午和晚上的休息时间，在湖南农业大学各教学楼的空地上都能看到一群学在紧锣密鼓地排练节目，忙着拍摄 DV。这是学生们在为每年一度的团支部风采大赛做精心准备。

自 2002 年以来，湖南农业大学坚持每年举办一场全校性的团支部风采大赛。八年来，活动持续火热不降温，受到学生们的高度关注和广泛肯定。

湖南农业大学副校长陈冬林说："团支部风采大赛是湖南农大的品牌活动之一。学生参与的积极性极高，这项活动基本覆盖了每个基层团支部。"陈校长说："'80 后'、'90 后'群体的特征是既定的现实存在，一些班级团支部凝聚力不足很大一部分原因还在于学校、在于教育引导。首先，要看学校具不具有浓厚的集体文化氛围。其次，学校有没有针对'80 后'、'90 后'群体特征而采取相应的措施。第三，人们是否认同提升支部凝聚力是学校共青团的核心工作。"

湖南农大原团委书记谭焱良说："学生中不少独生子女从小在全家人呵护下长大，自我为中心意识突出，集体意识、团队合作精神和奉献精神都严重不足。学校综合考虑后提出举办团支部风采大赛来解决这一系列问题。"

湖南农大团委副书记兰勇介绍："团支部风采大赛以班级团支部为单位参赛，要求全班同学参加。每个参赛班级需要制定班级的口号、班

---

① 洪克非，李毅，朱恒熠. 湖南农大八年坚持办团员青年的"快乐大本营"［N］. 中国青年报，2011－02－17（4）.

徽，甚至班服。比赛内容涵盖面广，包括支部风采展、支部才艺展、DV 秀、思想秀、班主任秀等，这些项目也都是学生喜欢、乐于参加的项目。"

三、师生"三走"系列活动

师生"三走"系列活动由学院团委自 2014 年组织开展，每学期开展 1 期，至今已成功组织 10 期，目前主要包括"青春相伴"师生集体跳绳比赛（图 2 - 22）、"东方杯"师生男子足球赛（图 2 - 23）、"青春有你"师生趣味运动会、"我与老师有个约定"师生课后运动计划等活动。

图 2 - 22　学院"青春伙伴"师生集体跳绳比赛

图 2 - 23　学院第十三届"东方杯"师生男子足球赛

活动中充分依靠基层团学组织以及各类"微组织"，把握关键节点，发挥教师的示范带动作用。"青春伙伴"师生集体跳绳比赛以绳系人，搭建起师生之间沟通的桥梁；"我与老师有个约定"课后运动计划以"约"为由，赋予师生以朋友的身份。在提倡大学生健康生活、强身健体的同时，拉近了师生之间的距离。师生之间亦师亦友的关系，更好地营造了高校教育严肃活动的氛围。构建传统媒体与新媒体相结合融合、线上和线下全覆盖的立体式宣传引导格局，通过举办形式多样的宣传和分享活动，提升大学生对体育锻炼重要性的认识，激发大学生参与活动的主动性。学院注重功能融入，把"三走"活动同培育和践行社会主义核心价值观、校园文化建设、学生素质拓展、塑造健康生活方式等有效结合起来，努力形成"班班有体育活动，人人有体育项目"的生动局面。

案例：

湖南农大东方科技学院足球赛亮点纷呈[①]

3月28日，湖南农大东方科技学院一年一度"东方杯"足球赛在校东田径场揭幕。揭幕战在理工学部和人文学部之间进行。

"东方杯"足球赛迄今已经举办十年，今年比赛各学部均派出队伍参赛，赛事分为两个阶段，第一阶段为小组循环赛，小组赛结束按积分排名，前两名进入第二阶段的决赛。但往届比赛参赛队员都是在校学生，本届比赛最大的创新亮点就是学院老师参与其中。在赛事筹备之初，学院团委基于各学部的提议以及加强师生交流的考虑，决定从本届"东方杯"足球赛开始，适当的允许本院老师参加比赛。具体规则修改为：小组赛允许有老师上场，同时上场最多不超过2名老师，参赛老师

---

① 张登高. 湖南农大东方科技学院足球赛亮点纷呈［EB/OL］. (2016－03－31).

必须是本院老师（包括班主任）；决赛不允许老师上场。从小组赛首轮情况来看，本次赛事规则改变效果明显。老师参加比赛，既促进了师生情感，同时各学部更为重视比赛的组织，到场观众较以往比赛也大幅增加，提高了比赛的影响力和参与性。

目前，小组赛首轮已结束，理工学部3：1战胜人文学部，生科学部以2：1的比分力克经管学部。整个赛事将历时一个月共7场比赛，最后决出冠亚军。

第四节　典礼文化育人工程

"典礼"一词最早出自《易·系辞上》："圣人有以见天下之动，而观其会通，以行其典礼。"典礼实质上是一种仪式文化，许多传统仪式或者说典礼具有特殊的体验价值、强大的凝聚价值、鲜明的导向价值和重要的内调价值，加强典礼文化育人对于引领大学生继承和发扬中华优秀传统文化、培育和践行社会主义核心价值观具有重要意义。近年来，包括开学典礼、毕业典礼、校庆典礼、优秀师生表彰大会等在内的高校典礼，成为媒体广泛关注和社会大众热议的话题。毋庸置疑，新时代背景下，加强和优化典礼文化育人工作应成为高校学工展现深化思想政治教育工作的有力抓手。

一、主抓"一头一尾"

2014年5月4日，习近平总书记在北京大学考察时指出："青年处在价值观形成和确立的时期，抓好这一时期的价值观养成十分重要。这就像穿衣服扣扣子一样，如果第一粒扣子扣错了，剩余的扣子都会扣错。人生的扣子从一开始就要扣好。""一头"即"成人礼"主题教育活动，帮助刚成年的少男少女们扣好人生的第一粒扣子，使其树立正确的世界观、人生观、价值观。"一尾"即毕业礼主题教育活动，教育即将踏入社会的毕业生们带着智慧的头脑，以书为盾，以笔为矛，奔赴职场战场，克服困难，才能取得职业生涯的胜利。

当前，学院"典礼文化育人工程"内容体系如图2-24所示。

图 2 - 24　典礼文化育人工程体系图

二、新生"成人礼"晚会

新生"成人礼"晚会由学院团委于 2011 年开展创办，至今成功开展 8 期，参与对象为刚入校的新生及部分家长。

通过对新生和家长的调研，不断改进内容与形式，发展至今，学院成人礼晚会分为"承责""尚学""感恩""爱国"四个篇章，从四个方面来教育新生们成人所需的四种高尚品质。

"承责"篇章中，学院邀请了部分留守儿童来到舞台，每人手捧希望的蜡烛，大学生代表为他们献上鲜花，聆听他们的心声，感受他们的生活。大家一起手拉手，心连心，共同憧憬美好的未来，责任的力量是如此的强大，它可以让人们紧紧相拥，无所畏惧。音诗画表演《十八岁的宣言》演绎了成人之际父母与孩子的对话，让孩子们明白自己长大了，该承担起家庭的责任。

"尚学"篇章中，充分体现了学院一直以来秉承的理念，将传统文化传承好，做到文化育人。老师们和学生们带来的冠礼、笄礼表演，由长辈向晚辈授之以礼，同时让在场观众一同学习了华夏礼仪之风、传承中华礼仪文化。

"感恩"篇章中，展示了中国主要的礼节之一的跪拜礼。在中国古代传统文化中，磕头跪拜是崇敬的最高标志，晚会上几位新生家长代表走上舞台，接受自己的孩子用最隆重、最传统的形式——跪拜礼，向亲爱的父母表达最深的敬意和感恩。

"爱国"篇章中，学院领导寄语同学们："没有强大的祖国，什么都是空谈。外邦亡我之心，一刻也不曾停止。希望大家能在母校，在湖南多多感悟革命前辈的爱国情怀，不忘历史，发奋读书，立志成才，为中华民族的伟大复兴之梦贡献力量！"学校国旗班仪仗队员在观众的瞩目下庄严地引出国旗，全体新生面向国旗，作出了庄严的承诺，爱国之情化为铿锵有力的宣誓声。"富强、民主、文明、和谐……"24字社会主义核心价值观内容在晚会中得到落实与贯彻。

晚会的四个主题通过不同的方式分别诠释了成年所需要具备的基本素质及道德感与责任感，给新生们留下了一道无法抹去的记忆。"成人礼"晚会不仅让学生们亲身体验成人之礼，在启发心智、洗涤心灵的同时，也培养他们心怀感恩、铭记历史、胸怀天下、勇于奉献、珍惜友谊的优秀品格，加深他们对中华传统文化的认识和感悟，从而受益终身。

案例：

湖南农大东方科技学院办"成人礼"晚会①

11月1日晚，湖南农业大学东方科技学院在大礼堂举办"成人礼"晚会，东方科技学院党委书记周其林教授，副书记、副院长陈钦华教授，副院长史云峰教授，副院长张胜利教授及各职能部门负责人，社会各界优秀人士，15级全体新生参加晚会。

晚7时许，大合唱——《在灿烂的阳光下》拉开晚会帷幕，本次晚会共分"承责、尚学、感恩、爱国"四个篇章。

---

① 徐紫雯. 湖南农大东方科技学院办"成人礼"晚会［EB/OL］.（2015－11－03）.

　　承责篇，微电影《心之方向》向我们展示了留守儿童鲜为人知的辛酸，电影结束后，团委书记黄正军老师发言，他向同学们讲述了责任、奉献的重要性。最后三下乡帮扶对象的代表徐妹小朋友来到舞台上，与全体同学过个一个难忘的生日。

　　尚学篇，首先由院艺术团带来的舞蹈《花季》开始，接着专业课基础老师代表刘霞老师以哈弗大学图书馆的故事激励同学们要努力学习、积极进取。视频《朱德庸的世界》以引人深思的话语，教着我们要敢于做自己、敢于拥有创造力，最后优秀毕业生代表，宠铃铛团队与同学们分享了自己的成功小经验以及读大学最重要的是什么。

　　感恩篇，在大家耳熟能详的歌曲《父亲》里展开，辅导员老师代表陈芬老师在为同学们的寄语中说到："我们要感恩祖国、感恩父母、感恩师长、感恩亲朋、感恩同学，我们要对帮助我们成长的一草一木心存感激，并付出行动！"院学社联带来的视频《父女的挑战》让许多同学看着看着眼眶湿润，回想起了自己的父亲。跪拜礼上，三拜父母，感恩父母的养育教育之恩。礼毕，2015级金融三班的曾昊同学说："这次学校的跪拜仪式对我触动很大，以前父母让我做事，我总是爱理不理，以后我会多帮父母做事，多孝顺父母。"

　　舞蹈《追忆》开启了最后的爱国篇，公共课教师代表黄建红老师表达了对同学们的殷殷期盼，她希望同学们可以铭记这片土地的历史，发扬这片土地的光荣传统，为这个国家作出贡献！宣传视频《东京审判》重现了当时国际环境紧张的岁月，中华儿女为祖国的利益不懈奋斗着。接着新党员代表对着党旗庄严宣誓，全体新生对着国旗发出了自己对这个国家的誓言！

　　伴随着歌曲《歌唱祖国》音乐的停止，本次晚会也接近尾声。"虽然成人礼结束了，但是我们的成长之旅还在继续，路还很长，希望同学们能够真正以承责、尚学、感恩、爱国这八个字为伴，一路高歌猛进！"学生负责人刘奕男说。

三、毕业生典礼系列活动

毕业典礼是大学思想文化的重要部分，一场毕业典礼不仅推广了校园文化，也传承了校园文化。学院通过"毕业礼"主题教育活动为毕业生上好大学生活中的"最后一堂课"，通过盛大庄严的"最后一堂课"，凝聚大家的心，增添师生感情，为毕业生指明了前进的方向，为共筑"东方"梦迈出了坚实的步伐。"毕业礼"作为一种人生仪式，是为毕业生扣上步入社会的"第一粒扣子"，是毕业生学业生涯和成长过程中的重要节点。

"毕业生"主题教育活动包含一台内容丰富的"筑梦东方"欢送毕业生文艺晚会和一场意义深刻的毕业典礼，从 2006 年至今已经成功举办 10 届，20000 余名毕业生通过仪式戴上了学士帽，获得了学位证书，完成了人生中大学阶段的最后考核。

1. "筑梦东方"欢送毕业生晚会

"筑梦东方"欢送毕业晚会文艺晚会作为学院的传统活动，承载着学生和学校、学生和老师、学生和学生之间四年的情感，是毕业生向社会展示所学的专业成果和风采的舞台。这是一场告别的仪式，一场开始的仪式，一场继续奋斗的仪式。学院在晚会的开展形式和节目编排上不断推陈出新、凝练特色，每年都能创作出许多精彩的、有教育意义的节目，在毕业生、老师、家长、企业的共同参与下，共为毕业生奉上了10 台高水平的文艺晚会（图 2 - 25、图 2 - 26）。晚会从策划、执行，到具体节目排练，以及与学生、老师、组织人员沟通交流都由毕业生独立完成。学生们不仅仅是作为观众观看节目表演，更是亲自参与其中，在大学最后一场大型活动中完成了对自己的检阅。

"四年的努力、四年的奋进、四年的滋养，打造了你们坚韧的品

图 2-25　学院毕业生晚会中的舞蹈表演

图 2-26　学院毕业生晚会中的舞蹈表演

格，四年的陶冶、四年的拼搏、四年的奉献，成就了你们高尚的情操"，在欢送 2017 届毕业生文艺晚会中，学院领导老师为毕业生带来的朗诵节目《青春似火逐梦燃》让所有观众记忆犹新。师生同台，将四年的情感融入言语和诗句，一起朗诵对毕业生的期望和寄托，为毕业生送上最后的祝福。现场的观众无不为之动容，很多毕业生都留下了感动的眼泪，这四年的时光这一刻在他们眼中变得那么的清晰。

离开了校园就意味着面临着就业的压力，离开了校园就意味着告别了稚嫩，离开了校园就意味着要承担本应有的责任，在毕业生离校之际，毕业生晚会的意义尤为重要。都说科学的理论可以武装人，正确的舆论可以引导人，高尚的精神可以塑造人，优秀的艺术可以鼓舞人，毕业生晚会这台高水平的艺术盛宴可以为毕业生上好大学"最后一堂课"。

2. 学位授予仪式

毕业典礼仪式，在新时期的高校教育中，被赋予了更高的意义，逐渐成为学院传统文化教育的一个重要环节。2017 年 6 月，中国高校传媒联盟的一项调查显示：90.18% 的受访大学生表示毕业典礼不可或缺。而对高校外的"围观群众"而言，毕业典礼的重要性也不容忽视。早已毕业者可以在这个时节回忆青春，尚未毕业者则能借此畅想未来。毕业典礼似乎具备着某种远不止"从学校学成出师"而已的重大意义，其强烈的仪式感，让毕业生能够以最直观、最强烈的形式，感受到这种改变和成长的分量，从而让毕业生更加清醒而昂扬地去承担他们应当承担的，作为社会一分子的责任。

学院将富有意义的毕业典礼作为一堂简短而生动的公民教育课，它在毕业生的成长历程中打下了一个明确的锚点，标志着一个时代的结束和另一个时代的开始。毕业典礼让学生认识到，谁都要走出象牙塔，迈向人生的下一个阶段。同时，毕业典礼又是大学阶段最后一场仪式，仪式是构建意义的一种手段，穿学位服、戴学士帽，每年学院院长都会亲自为毕业生代表授予学士学位证书。

学院秉承着温情朴实不张扬的传统，从 2006 年到 2017 年，每年 6 月，学院都会为应届毕业生精心筹备毕业典礼，对每一届毕业典礼都给予高度重视。学院鼓励毕业生的家长以及其他年级的学生来参加，让家长见证子女的成长，低年级的学生可以朝着学长学姐奋斗的方向去努力。在整个典礼活动中，通过领导、老师寄语，家长寄语（图2-27），毕业生感言，拨穗，授予学位（图2-28）等多种方式，让毕业生在隆重的仪式感中感受到学院、社会对他们的肯定。毕业生身着学位服，参加学士学位授予仪式、到学院专门设置的签名墙前签名、拍照、合影留恋，写下的是对大学四年的怀念和对未来的憧憬，表达的是挚爱母校的深情。

图2-27　领导老师寄语

图2-28　导师授予学位

2017年，为了给毕业生留下最深刻的印象，学院创新形式，在田径场举行了一场别开生面的仪式。学院董事长、学院学位评定委员会10名导师逐一为近1500位获得学士学位的2017届毕业生拨穗正冠（图2-29），颁发学士学位证书，并对他们送上毕业寄语（图2-30）。

图2-29　导师为每一位毕业生拨穗

看着昔日的导师，感受学士帽的流苏从右边换到左边，双手接过沉甸甸的学位证书，聆听最后一句毕业祝语，简短而庄重的仪式让毕业生明白，学院正式为大家扣上了迈入职场的"第一粒扣子"，而他们接过的是老师的信任和对社会的责任。

图 2 – 30　毕业生签名留言

第五节　社团文化育人工程

　　我国高校学生社团的出现可追溯至 1904 年成立于京师大学堂、旨在抵抗列强侵略的抗俄铁血会。进入 21 世纪，我国高校学生社团得到快速发展，特别是 2005 年共青团中央、教育部印发《关于加强和改进大学生社团工作的意见》后，高校学生社团犹如雨后春笋般蓬勃发展，呈现出百花齐放、百家争鸣的局面，据统计，当前大学生社团数量超过 10 万个，会员近 350 万人。2016 年 1 月，共青团中央、教育部、全国学联印发《高校学生社团管理暂行办法》，提出高校学生社团要坚持立德树人的基本导向，团结和凝聚广大同学，按照自愿、自主、自发原则，善用网络技术和新媒体，开展主题鲜明、健康有益、丰富多彩的线上和线下课外活动，繁荣校园文化，培养同学的社会责任感、创新精神和实践能力，提升同学综合素质，促进同学成长成才。

一、主推"一社一品"

　　2003 年学院第一个"学生社团青年志愿者协会"成立，标志学院开展"第二课堂"活动的起点。为了加强社团管理，展现出社团更多可能性，学院于 2005 年成立"学生社团联合会"，与此同时，学生社团正稳步发展。学生社团将"一社一品"作为主抓手，坚持开展学生们喜闻乐见的活动，学生社团联合会每学年举办社团文化节。社团百花齐放，更多的学生参与到"第二课堂"活动。

　　当前，学院"社团文化育人工程"内容体系如图 2 - 31 所示。

图 2-31　社团文化育人工程体系图

一是从 2003 年到 2008 年的"成立拓展"阶段。这一时期，学院先后成立了 12 个社团，包括文学社、心理健康协会、青年志愿者协会、科创同盟、篮球协会、足球协会、Comic 动漫协会、演讲与辩论协会、鸿美传媒设计协会、外语协会、乒乓球协会、就业指导协会。创办了东方"名企行""社团活动月""东方韵"大型毕业生文艺晚会、"东方韵"社团文化艺术节、"龙腾杯"校级学生篮球联赛、"校园十佳"等多项知名品牌大型活动。

二是从 2009 年至今的"高速发展"阶段。这一时期，一方面，学院根据时代发展的需要和大学生的实际需求，相继又成立了 5 个社团，包括水利水电协会、程序爱好者协会、电子商务协会、市场营销协会、曳步舞协会；另一方面，组织社团骨干参加长沙高校社联社团交流会、社团会长论坛，加强社团成员的理论与实践学习，更好地带动了社团的内涵发展。延续举办原有知名品牌大型活动，同时，还创办了"社联社团见面会"、社团"会员接待日""孝文化节""灯火阑珊"灯谜大会（图 2-32）、"低碳文化"推广、"台球联赛""花儿与青年"志愿植树、"光影杯"摄影大赛、"寻找 coser 大作战"活动（图 2-33）、"一社一品"周末文化广场、关爱"失依儿童、留守儿童"爱心义卖、"东湖社区"志愿服务等活动，赢得学生、老师、家长以及社会各界人士的一致赞赏与大力支持，社团进入高速发展阶段。

图 2 - 32　"灯火阑珊"灯谜大会

图 2 - 33　"寻找 coser 大作战"活动

据统计，2003 年至今，学院一共成立了 16 个社团，目前发展较好的有 13 个社团。社团涵盖了思想政治、学术科技、创新创业、文化体育、志愿公益、自律互助 6 类。其中，思想政治类社团 1 个，学术科技类社团 5 个，创新创业类社团 2 个，文化体育类社团 5 个，志愿公益类社团 2 个，自律互助类社团 1 个，呈现多种模式、覆盖面广、亮点突出等鲜明特点。共举办 3000 多项社团活动，参与活动人数达到 50000 余人次，为 15000 余名会员的发展提供了有效载体，30 多名会员的作品先后获得全国第四届大学生艺术展演一等奖、湖南省第十届大学生计算机程序设计大学一等奖、湖南省大学生社会实践成果一等奖等荣誉。

当然，大学生社团文化育人是一项系统工程。除"第二课堂"之外，学院还做了诸多努力，主要体现以下几个方面：成立了大学生社团指导老师委员会，并制定了《社团指导老师管理办法》，加强对社团发展的指导；修订《学生社团管理制度集》3 次，进一步规范社团管理；修订《专业人才培养方案》；对优秀社团和优秀会员给与相应素质拓展学分奖励，鼓励社团在个性发展的活力。

资料：

团中央教育部全国学联联合印发
《高校学生社团管理暂行办法》出台①

共青团中央、教育部、全国学联最近印发《高校学生社团管理暂行办法》（以下简称《办法》）。《办法》对于深入贯彻落实《关于进一步加强和改进新形势下高校宣传思想工作的意见》和《中共中央关于加强和改进党的群团工作的意见》有关要求，进一步规范高校学生社团管理，深化高校学生社团的育人功能，积极促进高校学生社团的健康发展，具有十分重要的意义。

《办法》分八个部分：一是总则；二是管理机构；三是成立、年审和注销；四是组织建设；五是活动管理；六是经费管理；七是工作保障；八是附则。

---

① 李立红. 团中央教育部全国学联联合印发《高校学生社团管理暂行办法》出台 [N]. 中国青年报，2016 - 01 - 13 (1).

　　《办法》指出，高校学生社团是指由高校学生依据兴趣爱好自愿组成，为实现成员共同意愿，按照其章程自主开展活动的群众性学生组织。高校学生社团的基本任务是：遵循和贯彻党的教育方针，坚持立德树人的基本导向，团结和凝聚广大同学，按照自愿、自主、自发原则，善用网络技术和新媒体，开展主题鲜明、健康有益、丰富多彩的线上和线下课外活动，繁荣校园文化，培养同学的社会责任感、创新精神和实践能力，提升同学综合素质，促进同学成长成才。

　　《办法》指出，高校党委统一领导本校学生社团工作，要把加强和改进学生社团工作，作为高校贯彻党的教育方针、推进素质教育的重要组成部分，纳入高校整体工作中。高校团委履行本校学生社团工作的主要管理职能，应设立专门管理机构，配备工作人员，切实承担起学生社团的成立、年审、注销、组织建设、活动管理、经费管理和工作保障等工作。可根据实际工作需要，设立学生社团团工委，建立健全团组织。高校学生会组织要在校内学生组织中发挥枢纽型作用，配合团组织加强对学生社团的引导、服务和联系。

　　《办法》指出，高校学生社团一般分为思想政治类、学术科技类、创新创业类、文化体育类、志愿公益类、自律互助类及其他类等。学生群众性组织（含团队运营的网络新媒体社团）须按学生社团登记注册。学生社团登记成立时，须按照一定类别向高校团委进行申请登记，按程序批准筹备成立的学生社团，应在相应工作日内召开社团会员大会，批准成立的学生社团应尽快以公告或其他方式宣布成立。要实行年审制度，及时做好学生社团事项变更的登记、章程的修改和注销等工作。

　　《办法》指出，学生社团的成员应当是该校具有正式学籍的学生。社团成员有权了解所在社团的章程、组织机构和财务制度，有权对社团的管理和活动提出建议和质询，有权按照章程自由加入或退出该社团；社团成员应当定期注册，按章程缴纳会费，积极参加社团的各项活动。

学生社团会员大会是学生社团的最高权力机构，依照本社团的章程行使职权。学生社团负责人应通过会员大会民主选举产生。社团指导教师必须是本校在职教职工。

《办法》指出，学生社团举办活动须遵守高校相关规章制度，并按照相应的审批程序进行，不得在学生中散布违背宪法、法律、法规和党的路线方针政策的错误观点和言论，不得开展与其宗旨不符的活动，不得开展纯商业性活动。参与人数较多或在校外举办、参加的学生社团活动，要有预案，确保活动安全、有序地进行。同时加强对来自校外支持学生社团开展调研、交流、访问、培训等活动的审核和管理。原则上企业、社会机构不得在学校建立特定冠名的学生俱乐部、协会等社团。对于与企业、社会机构联系紧密的创新创业类社团，确需冠名，须经高校相关部门批准。高校团委要加强学生社团网络化建设管理工作。要加强对社团运营网站、新媒体平台、印发刊物的管理和指导，注重培养社团成员的网络文明意识，践行社会主义核心价值观，传播向上向善正能量。要重视网络新媒体社团的管理和引导。

《办法》指出，学生社团主要活动经费应来自于高校拨款、社会赞助和会员会费等合法渠道，社团经费必须用于社团集体活动，任何单位和个人严禁侵占、私分或挪用。学生社团如收取会费，须根据实际情况明确收费标准，经社团内部民主决策，报高校团委审核后进行公示，并应写入社团章程。学生社团应制定严格的经费管理制度，每学期向全体成员公布经费使用情况。高校团委应做好社团经费来源、经费使用情况的监督指导工作，加强对学生社团接受校外资金的合法合规性审查和管理。

《办法》最后强调，高校要根据实际情况向团委划拨社团工作专项经费，支持学生社团网络化管理和信息化平台建设。高校应为学生社团提供师资、活动场地、器材、设备等方面的支持，为学生社团对外交流搭建平台，对学生社团指导教师进行工作量认定或给予适当的工作补贴。学生参与社团活动、担任社团负责人等情况，应纳入学生综合素质评价，使学生社团成为学生成长成才的重要平台。

二、"舌战东方"辩论赛

"舌战东方"辩论赛（图2-34）是学院演讲与辩论协会基于自身协会的特色文化，活跃学院人文气氛，培养学生团队合作意识的品牌活动之一。从2007年创立以来，涌现了一批批优秀的辩手，学院于2009年在优秀辩手中选拔组建了学院辩论队，参加学校"舌战浏阳河"辩论赛，共夺得冠军6次，其中从2014年到2018年，更是以"五年四冠"的好成绩得到华语辩论年度论坛的邀请，赴武汉大学与清华大学、香港大学、新加坡国立大学等200余所高校辩论队的辩友们共同交流。

图2-34 "舌战东方"辩论赛

图 2－35　学院辩论队受邀参加华语辩论年度论坛

三、"光影杯"校园摄影大赛

"光影杯"校园摄影大赛是学院"鸿美传媒设计协会"基于协会自身的特色文化，弘扬中华传统文化和引导学生将自己的理想和中国梦相结合的品牌活动之一，创立于 2012 年。摄影大赛参赛人数稳步提升，从第一届的 40 余人增加到第四届 159 人，增长近 4 倍；参赛人数占学生总人数的比例逐年提高，从 2012 年的 1.6％提升到 6.2％；参赛作品数量逐年上升，从第一届的 60 余件增加到第四届 200 多件。参赛作品质量也不断提升，展示的许多优秀作品被学院推送到全省乃至全国参加各项比赛，其中多件作品获得国家级、省级和校级奖励。

图 2－36　学生作品《爱无止境》

图 2－37　学生作品《奔跑吧》

第六节 谁不说咱"东方·美"

十六年来，随着专业文化育人工程、艺体文化育人工程、典礼文化育人工程、社团文化育人工程等的各项品牌活动持续推进，学院学工战线在文化育人方面取得了累累硕果。广大学生参与艺术体育文化活动积极性大幅提升，学生在各级各类艺术、体育文化活动中屡获大奖，学院加强艺体文化育人工作的相关经验得到了社会媒体的广泛报道。概括为一句话，谁不说咱东方"美"。

一、基层参与场面"美"

多年来，学院不断创新思想政治工作方式方法，着力把中华优秀传统文化、革命文化和社会主义先进文化有机融入人才培养各环节，引导师生从博大精深的中华文化中汲取知识、丰富涵养、提升品位，达到以文化人、以文育人，进一步增强了中国特色社会主义文化自信。学生积极参与，受益面非常广，团支部风采大赛、师生"三走"活动等覆盖率达100%，涵盖每个学生。

二、典型学子成果"美"

近五年来，一大批优秀学子脱颖而出，获得国家级以上文化类作品奖励137项，省级以上奖励458项。学生原创微电影作品获得全国大学生艺术展演活动一等奖（见图2-38），湖南省第四届大学生艺术展演活动一等奖，《靖港魅影》荣获"湖南大学生社会实践活动成果展"摄影类一等奖等；学生茶艺队荣获全国大学生茶艺技能大赛一等奖；电子商务协会成员曾荣获2014年第二届"特步杯"全国电子商务实战技能大赛本科组特等奖等。

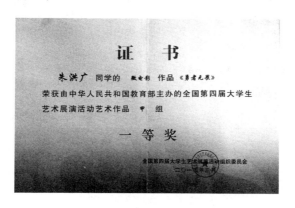

图2-38　学生微电影作品荣获全国第四届
大学生艺术展演艺术作品一等奖

图2-39　学生作品荣获第二届
湖南省青年文化节金奖

图2-40　学院被评为全省雷锋家乡
学雷锋先进集体

图2-41　学院体育专业学生荣获国际龙狮争霸赛规定套路和障碍比赛金奖

**图2-42 学院学生项目被评为湖南省大学生
社会实践活动成果展一等奖**

追逐梦想，一分耕耘一分收获。从"看得见"到"摸得着"，再到"感受到"，东方科技学院力求让文化育人行稳而后致远。面向未来，他们仍然追求在创新不止中探索更多、汲取更多、传播更多。

三、工作社会影响"美"

图2-43 学院荣获全国第九届高校校园文化优秀成果二等奖

图2-44　2012年8月27日，中国教育报头版专题报道了
学院组织开展的"失依儿童"关爱行动

图2-45　2016年5月，中国教育报以"装满爱的40万个
空瓶子"为题对学院开展留守儿童关爱的典型实践给予了宣传

图2-46　2016年5月，中国青年报以"40万个瓶子，收集着大学生对留守儿童的帮扶"为题对学院开展留守儿童关爱的典型实践给予了宣传

图2-47　2012年6月，中国教育报报道学院"东方韵"文化艺术节

图 2 – 48　人民网专题报道学院牵手省妇联开展
"精准扶心"专项行动

图 2 – 49　湖南省教育网报道学院牵手省妇联开展
"精准扶心"专项行动行动

图 2 – 50 人民网专题报道学院青年志愿者协会开展
"牵手六一"爱心捐赠活动

图 2 – 51 人民网专题报道学院青年志愿者协会开展
"牵筹建 2000 册书援建爱心书屋

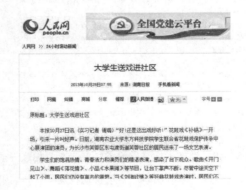

图 2 – 52 人民网报道学院大学生送戏进社区活动

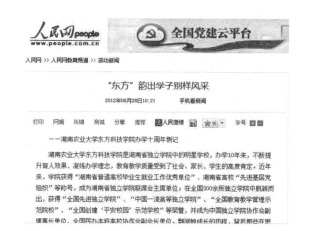

图 2-53　人民网报道学院的"东方韵"校园文化艺术节

图 2-54　湖南教育网报道学院的足球赛

案例：

一个非专业的普通学生到一名有影响力的导演的演变历程

"我之所以能在影视这一条路走得这么远，离不开我对于影视行业的热爱，更离不开一路以来导师和导演们对我的提拔与帮助，"在与胡磊的交流中，他这样说到，"所以，我十分感恩我的导师和工作中的导演、同事，他们的倾囊相授与热情帮助是我走向成功的最大动力。"

胡磊，男，中共党员，湖南农业大学东方科技学院 2002 级学生，

133

在校期间曾担任湖南农业大学东方科技学院东方艺术团团长一职。

　　胡磊进入大学以来积极参加各类校园社团活动，加入了校足球队，连续四年被评为"文艺十佳"。同时，他担任了2005年、2006年校园大型晚会活动"东方韵"的活动负责人，认真细心的他，将活动举办的十分出彩。在校期间，他在各类晚会活动中也获得不少奖项。除了对待学校活动认真负责以外，胡磊对待学习也十分刻苦上进。他学习成绩优异，在图书馆自习室常常能看到他埋头学习的身影。

　　胡磊并不是学习与影视相关专业的学生，让他对影视行业初感兴趣的是宁浩导演拍的一部叫《绿草地》的片子。课堂上，老师播放的视频短片里，宁静美丽的自然风光给生活在喧哗都市的观众带来截然不同的清新感受，影片里人物心理细腻的表现、生动感人的情节彻底吸引了他。胡磊觉得，影视工作真是一份可以让人充满想象且带来快乐的工作。因此，他开始自学与影视相关的内容，追求自己的影视梦。

　　大学毕业后，胡磊担任了众多大型电视电影活动的编剧或导演，作品也在湖南卫视、黑龙江卫视等多个地方卫视台播出，影视工作经历丰富。2005年至2007年，胡磊担任了湖南首届大学生电影节导演、全球小姐中南赛区总决赛总导演以及著名益智栏目《算你狠》的执行制片人。他热情致力于电视电影活动事业，被评为电影频道年度优秀员工2次。2007年至2011年，他历任湖南卫视大型购物活动快乐购品牌策划官、华东大区营销经理、华东区市场部经理。2009年，担任湖南卫视娱乐节目《花儿朵朵》全国巡回演唱会的总导演。

　　2011年以后，胡磊将工作方向转向影视创作。他担任在黑龙江卫视播出的著名电视剧《猛兽列车》以及在湖南卫视播出的励志偶像剧《唱战记》的编剧，且以制作人的身份参与了即将登陆卫视屏幕和门户网站的电视剧《欢乐步行街》。

　　他在上大学的时候就常常思考：我是谁？我能够做什么？我要去做

做什么？他没有像普通学生一样迷茫彷徨，而是很快地找到了目标，并为之付出自己的努力。胡磊的朋友们评价他是个目标极其明确的人，他习惯从观众的视角看问题。"世界会向那些有目标和远见的人让路。"这是他经常挂在嘴边的口头禅。

在通往成功的道路上，每个人都要付出努力是必然的，但是在努力迈向成功的道路中，别人的笑脸和帮助不能视而不见，成功并不是单单个人努力的成果，要学会感恩，学会感恩才是最大的成功。

第三章

03

因势而新：实践筑梦提能力

第一节　实践出真知

　　实践是实现人的全面发展的根本途径，是检验真理的唯一标准。我国高校的立身之本在于立德树人，高校肩负着培养德智体美全面发展的社会主义事业合格建设者和可靠接班人的重大任务。因此，在知识传授的同时，引领和鼓励大学生广泛参与生产、劳动、调查、服务等实践活动，让大学生在实践中检验知识、发展能力，是高校人才培养题中应有之义。十六年来，学院学工战线准确把握党的教育方针政策，遵循"因势而新"的理念，紧紧围绕大学生综合素质和实践能力的培养，深入探索教育规律和学生成长成才规律，结合自身实际和学生特点，主动整合资源、搭建平台，不断优化思路、创新方法，深入推进"第二课堂"实践育人工作，探索出了一条特色鲜明、成效显著的育人之路（图 3 - 1、图 3 - 2）。

图 3 - 1　学院大学生积极参与社会实践活动

图 3 - 2　学院大学生积极参加义务支教活动

一、习近平总书记有关实践育人的重要论述

十八大以来，习近平总书记多次通过演讲、座谈、回信等方式与青少年互动，勉励当代青少年爱学习、爱劳动、爱创造，将个人梦融入伟大的中国梦，在生动具体的实践活动中磨炼意志、培育品格、拓展素质、增强能力。

2013 年 3 月 1 日，习近平总书记在中共中央党校建校 80 周年庆祝大会暨 2013 年春季学期开学典礼上指出："我们的学习应该是全面的、系统的、富有探索精神的。既要向书本学习，也要向实践学习；既要向人民群众学习，向专家学者学习，也要向国外有益经验学习。有理论知识的学习，也有实践知识的学习。"

2013 年 5 月 4 日，习近平总书记在中国航天科技集团公司同各界优秀青年代表座谈时发表重要讲话，希望广大青年"勇敢肩负起时代重任，志存高远，脚踏实地，努力在实现中华民族伟大复兴的中国梦的生动实践中放飞青春梦想"；一定要"坚定理想信念""练就过硬本领"

"勇于创新创造""矢志艰苦奋斗""锤炼高尚品格"。

2013 年 12 月 5 日，习近平总书记给华中农业大学"本禹志愿服务队"回信，肯定他们在服务他人、奉献社会中取得的成绩和进步，并勉励他们"弘扬奉献、友爱、互助、进步的志愿精神，坚持与祖国同行、为人民奉献，以青春梦想、用实际行动为实现中国梦作出新的更大贡献"。

2014 年 5 月 4 日，习近平总书记在北京大学师生座谈会上发表重要讲话，他指出："广大青年对五四运动的最好纪念，就是在党的领导下，勇做走在时代前列的奋进者、开拓者、奉献者，以执着的信念、优良的品德、丰富的知识、过硬的本领，同全国各族人民一道，担负起历史重任，让五四精神放射出更加夺目的时代光芒。"

2016 年 4 月 26 日，习近平总书记在中国科技大学同知识分子、劳动模范、青年代表座谈时发表重要讲话，他强调："'人生在勤，勤则不匮。'幸福不会从天降，美好生活靠劳动创造。""人类是劳动创造的，社会是劳动创造的。""'人才有高下，知物由学。'梦想从学习开始，事业靠本领成就。"

2017 年 8 月 15 日，习近平总书记给第三届中国"互联网＋"大学生创新创业大赛"青年红色筑梦之旅"的大学生回信："希望你们扎根中国大地了解国情民情，在创新创业中增长智慧才干，在艰苦奋斗中锤炼意志品质，在亿万人民为实现中国梦而进行的伟大奋斗中实现人生价值，用青春书写无愧于时代、无愧于历史的华彩篇章。"

资料：

习近平给北京大学学生回信勉励当代青年①

北京大学考古文博学院2009级本科团支部全体同学：

来信收悉。得知你们近一年来不仅校园学习取得新的进步，而且在野外考古实习中很有收获，甚为欣慰。从字里行间，我感受到了你们立志为实现中华民族伟大复兴的中国梦而奋斗的决心和信心。

你们在信中写到，中国梦让你们感受到了一份同心奋进的深沉力量，让你们更加懂得了当代青年所肩负的历史责任。说得很好。中国梦是国家的梦、民族的梦，也是包括广大青年在内的每个中国人的梦。"得其大者可以兼其小。"只有把人生理想融入国家和民族的事业中，才能最终成就一番事业。希望你们珍惜韶华、奋发有为，勇做走在时代前面的奋进者、开拓者、奉献者，努力使自己成为祖国建设的有用之才、栋梁之材，为实现中国梦奉献智慧和力量。

五四青年节即将来临，我向你们致以节日的问候。

二、高校学生工作中的实践育人

实践育人是一篇大文章。对高校学生工作而言，应重点做好哪些工作？具体怎么开展？十六年来，学院学工战线主要从以下3个重要文件加以把握。

首先，2004年8月下发的《中共中央国务院关于进一步加强和改进大学生思想政治教育的意见》（中发〔2004〕16号）。文件明确指

---

① 关庆丰. 北大官网刊文介绍北大学子给总书记写信到收到回信过程［EB/OL］.（2013－05－05）.

出，高校要坚持政治理论教育与社会实践相结合，既重视课堂教育，又注重引导大学生深入社会、了解社会、服务社会；要把社会实践纳入学校教育教学总体规划和教学大纲，规定学时和学分，提供必要经费；要积极组织大学生参加社会调查、生产劳动、志愿服务、公益活动、科技发明和勤工助学等社会实践活动。

其次，2012 年 1 月教育部下发的《关于进一步加强高校实践育人工作的若干意见》（教思政〔2012〕1 号）。文件专门指出，社会调查、生产劳动、志愿服务、公益活动、科技发明和勤工助学等活动是实践育人的有效载体；要把组织开展社会实践活动与组织课堂教学摆在同等重要的位置，与专业学习、就业创业等结合起来；要支持学生参加生产劳动、志愿服务和公益活动，鼓励学生在完成学业的同时参加勤工助学，开展科技发明活动。

图 3 - 3　学院积极推进志愿服务基地建设

最后，2017 年 2 月中共中央、国务院印发的《关于加强和改进新形势下高校思想政治工作的意见》（中发〔2016〕31 号）。文件再次强调，高等学校要强化社会实践育人，提高实践教学比重，组织师生参加社会实践活动，完善科教融合、校企联合等协同育人模式，加强实践教

图 3-4　学院大学生参加中关村创客大赛

学基地建设，建立健全国家机关、企事业单位、社会团体接收大学生实习实训制度，开设创新创业教育专门课程，增强军事训练实效，建立健全学雷锋志愿服务制度。

　　显而易见，高校学生工作中的实践育人就是要紧紧围绕高校人才培养的中心任务，组织开展好社会调查、生产劳动、志愿服务、公益活动、科技发明、勤工助学、军事训练等"第二课堂"实践教育活动，为大学生思想素质和综合能力的提升搭平台、做服务，与"第一课堂"课程实践、专业实习等紧密结合起来，合力推动高校实践育人工作的全面展开。

资料：

《教育部等部门关于进一步加强高校
实践育人工作的若干意见》① 主要精神

2012 年 1 月，教育部、中宣部、团中央等部门印发了《教育部等部门关于进一步加强高校实践育人工作的若干意见》（教思政〔2012〕1 号），文件主要针对充分认识高校实践育人工作的重要性、统筹推进实践育人各项工作和切实加强对实践育人工作的组织领导提出了 15 点要求，其中针对统筹推进实践育人各项工作提了 8 条意见，具体如下：

1、加强实践育人工作总体规划。各高校要坚持把社会主义核心价值体系融入实践育人工作全过程，把实践育人工作摆在人才培养的重要位置，纳入学校教学计划。

2、强化实践教学环节。各高校要结合专业特点和人才培养要求，分类制订实践教学标准，增加实践教学比重，确保人文社会科学类本科专业不少于总学分（学时）的15%、理工农医类本科专业不少于25%。

3、深化实践教学方法改革。各高校要把加强实践教学方法改革作为专业建设的重要内容，重点推行基于问题、基于项目、基于案例的教学方法和学习方法，加强综合性实践科目设计和应用，加强大学生创新创业教育。

4、认真组织军事训练。各高校要把军事训练作为必修课，列入教学计划，军事技能训练时间为2—3周，实际训练时间不得少于14天。

5、系统开展社会实践活动。各高校要把组织开展社会实践活动与

---

① 教育部等部门关于进一步加强高校实践育人工作的若干意见 [EB/OL]. （2012 - 01 - 10）.

组织课堂教学摆在同等重要的位置，与专业学习、就业创业等结合起来，制订学生参加社会实践活动的年度计划。

6、着力加强实践育人队伍建设。所有高校教师都负有实践育人的重要责任。各高校要制定完善教师实践育人的规定和政策，加大教师培训力度，不断提高教师实践育人水平。

7、积极发挥学生主动性。要充分发挥学生在实践育人中的主体作用，建立和完善合理的考核激励机制，加大表彰力度，激发学生参与实践的自觉性、积极性。要支持和引导班级、社团等学生组织自主开展社会实践活动。

8、加强实践育人基地建设。各高校要努力建设教学与科研紧密结合、学校与社会密切合作的实践教学基地。基地建设可采取校所合作、校企联合、学校引进等方式。

三、学院学工战线实践育人的整体构架

发展至今，学院学工战线形成了以创新创业活动教育、社会实践活动教育、公益服务活动教育和就业实训活动教育4大工程为主要内容的实践育人体系，具体构架如图3-5所示。

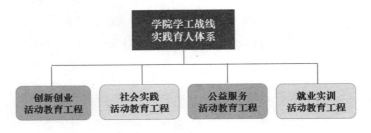

图3-5 学院学工系统实践育人体系构架图

其中，创新创业活动教育工程旨在引领学生乐于双创、成于双创，在双创实践中培养双创意识，提升双创能力，由学院招生就业创业指导

中心牵头组织实施；社会实践活动教育工程旨在引领学生走出校门、走进社会，在亲身体验中增强社会责任感和社会适应能力，由学院团委牵头组织实施；公益服务活动教育工程旨在引领学生关爱他人、服务基层，在奉献过程中培育和践行社会主义核心价值观，由学院团委牵头组织实施；就业实训活动教育工程重在引领学生认识自我、完善自我，在竞争中端正就业意识、提升就业能力，由学院招生就业创业指导中心、培训与对外交流中心具体组织实施。

案例：

湖南农业大学"致远"青年服务团以实践践行"中国梦"①

日前，历时四个多月的人民网公益团队支教、环保爱心行活动落下帷幕。湖南农业大学东方科技学院"致远"青年志愿者服务团从 300 多所高校 600 多支实践团队中脱颖而出，入选 2013 全国大学生社会实践"十佳"公益团队。该团队是我省唯一一支获此殊荣的大学生社会实践团队，团队也将优先晋级"2013 全国大学生社会实践评选活动"的入围阶段。

今年 7 月 5 日—7 月 10 日，湖南农业大学东方科技学院"致远"青年志愿者服务团前往湖南省益阳市赫山区泥江口镇开展了"寻梦行动""筑梦行动"和"圆梦行动"的社会实践活动，重点开展了贫困留守儿童重点帮扶、课题调研和科技支农等活动。在为期六天的社会实践活动中，大学生们和泥江口镇中心学校的孩子们一起，分享快乐和梦想，教给他们礼仪、安全、书法、音乐、舞蹈、演讲、英语等知识和技能，大学生在展示自身才能，锻炼自己的同时，也以自己的汗水和智慧

---

① 湖南农业大学"致远"青年服务团以实践践行"中国梦"［EB/OL］.（2013 – 09 – 25）.

奉献社会，实现中国梦、个人梦。另外，服务团还为孩子们购买了书包、文具等学习用品，向学校和泥江口镇捐赠了爱心图书和科技书籍，并授予泥江口镇中心学校"德育实践教学基地"。活动受到人民网、湖南教育网、湖南共青团、益阳晚报、为先在线和益阳赫山区新闻网等多家媒体关注，获得广泛的社会认同与好评。

"致远"青年志愿者服务团是湖南农业大学东方科技学院人文社会科学学部发起的一支关爱"留守儿童"的志愿者队伍，团队自成立以来就着手建立一种长效帮扶机制，团队注册了新浪官方微博，在湖南农业大学子弟小学专门成立了"致远"学习室，志愿者每周一至周四下午均会前往该学习室辅导留守儿童学习。一年来，共招募大学生志愿者356名，为留守儿童开展义务家教243次，家访122次，累计家教2124人次，累计帮扶留守儿童1180人。

据悉，全国大学生社会实践公益团队招募及评选由共青团中央学校部和人民日报政文部指导，人民网主办，是"2013全国大学生社会实践评选"活动的组成部分，活动以"青年人，中国梦"为主题，旨在鼓励广大青年学生积极参与社会实践，深入基层体察国情民情，推动中国梦宣传教育，通过助学支教、实地调研、知识宣讲等志愿服务活动，有针对性地了解基层在教育、生态方面的实际情况，进行有切实帮助作用的服务活动。

第二节 创新创业活动教育工程

改革开放以来，我国高等教育引领大学生参与创新创业实践有 2 个重要标志：一是 1989 年创办的"挑战杯"全国大学生课外学术科技作品竞赛，二是 1999 年开办的"挑战杯"中国大学生创业计划大赛。进入 21 世纪，随着各类学科专业竞赛的风起云涌，国家大学生创新性实验计划的接续实施，特别是 2014 年 9 月李克强总理公开发出"大众创业、万众创新"的号召之后，大学生创新创业活动在高校掀起了高潮。据统计，2017 年 9 月在西安闭幕的第三届中国"互联网＋"大学生创新创业大赛，总计有 2241 所高校参与其中，团队报名项目达 37 万个，直接参与学生超过 150 万人。

一、从"单线引领"到"双线挺进"

学院学工战线展开大学生创新创业活动教育始于 2003 年，多年来，工作推进过程大致可以分为 2 个阶段。

首先，从 2003 年到 2011 年的"单线引领"阶段。这一时期，学院学工战线主要聚焦于"学生科技创新意识的激发和科技创新能力的培养"，创办了"东方坛"大学生学术科技节等多个特色教育项目，持续开展了学术科技作品竞赛、学术科技作品展（图 3 - 6）、科技之星知识竞赛、科创经验分享会等多项活动。

其次，从 2012 年至今的"双线挺进"阶段。这一时期，在继续做好科技创新活动教育的同时，学院学工战线又针对大学生创业开发了一系列教育项目，举办了创业计划大赛、创业团队沙龙、名师创业讲座、校友创业论坛等多项活动，拉开了创新创业双线挺进的大幕。

图3-6 "东方坛"学术科技作品展   图3-7 "赢在东方"创业计划大赛

当前，学院学工战线"创新创业活动教育工程"内容体系如图3-8所示。

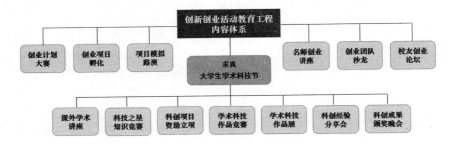

图3-8 学院创新创业活动教育工程内容体系

近年来，学院学工战线坚持每年开展双创主题活动50余场，吸引全院师生积极参与其中，为学生双创意识和能力的提升搭建了有效平台。据统计，2013年至今，学生共立项各级各类课外双创项目300余项，2000多名学生在院级及以上创新创业比赛中获奖，共计有210多名学生（含毕业生）创业成功。

二、"一院＋一室＋一班＋一吧"特色格局

学院党政高度重视大学生双创教育工作，不断强化顶层设计，积极推进改革创新，构建了"一院（虚假创业学院）＋一室（双创教研室）＋一班（CMA 创新班）＋一吧（星创吧）"的特色格局，为学院学工战线深入推进"创新创业活动教育工程"提供了坚强保障，更为"第一课堂""第二课堂"合力推进双创教育打下了坚实基础。

2015 年 10 月，学院正式成立"创业学院"（虚拟），进一步优化了大学生科技创新指导委员会和大学生创业指导委员会的设置，形成了"党政齐抓＋部门联动＋全员参与"的教育机制；大幅增加了创新创业资助经费和工作经费，保障双创教育的有效实施。

2016 年 7 月，学院正式启动"星创吧"众创空间建设（图 3 - 9），全面升级大学生创新创业孵化载体，为学生创业建立起集创业培训、投融资对接、商业模式构建、团队融合、政策申请、工商注册、法律财务、媒体资讯等于一体的全方位创业服务综合平台，"星创吧"由学院招生就业创业指导中心具体负责管理。

2016 年 8 月，经学院培训与对外交流中心多次洽谈，学院正式与上海高顿财经、湖南农业大学商学院合作开办 CMA（美国注册管理会计师）创新实验班（图 3 - 10），培养双创特色人才。

图 3 - 9　学院"众创空间"效果图　　图 3 - 10　学院 CMA 创新实验班签约仪式

2016 年 11 月，学院修订人才培养方案，将《创业基础》列为必修课，正式成立就业指导与创新创业教育教研室，由主管双创工作的副院长担任教研室主任，配备专、兼职教师（兼职教师主要为学工战线工作人员），具体实施双创教学。

案例：

<h3 style="text-align:center">从 0 到 1000 万，侗族青年谱写创业梦想之歌</h3>

——湖南农业大学东方科技学院毕业生朱洪广创业记①

大学期间，他矢志创业，成立了工作室，带领团队创作了近 10 部微电影，获得了全国大学生艺术展演一等奖等众多荣誉；大学毕业，他便牵头与人合作成立了文化传媒公司，主攻影视作品的导演、拍摄及制作，火速抢占长沙、上海及北京市场；仅用 3 年，公司便承接了近 50 部企业宣传片、30 余部主题微电影，与 10 多个地方卫视建立了合作关系，并参与录制了《我是歌手》《天天向上》等多档火爆节目，2016 年营收超过 1000 万。

故事的主人公，正是湖南农业大学东方科技学院 2014 届艺术设计专业毕业生朱洪广。从 0 到 1000 万，这位来自怀化农村的侗族小青年，用 7 年时间书写和诠释了一个"90 后"大学生从梦想到现实的蝶变过程。

学而立志　坚定创业梦想

"我虽然来自农村，但我从小酷爱摄影摄像，并且想当一名导演，开一个影视公司，拍一部像《泰坦尼克号》那样成功的电影！"和朱洪广一见面，他就说到。

"因此，大学填专业时，我毫不犹豫选择了艺术设计，我要带着自

---

① 黄正军. 从 0 到 1000 万，侗族青年谱写创业梦想之歌：湖南农业大学东方科技学院毕业生朱洪广创业记 [J]. 中国大学生，2018（7）.

己的兴趣和梦想读好自己的大学！"朱洪广补充道。

于是，2010年9月，18岁的朱洪广带着舅舅送给他的相机走进了湖南农业大学东方科技学院，开启了他人生的新征程。

军训过后，朱洪广并全身心投入到了紧张有序地学习之中。兴趣是最好的导师，入学不久，朱洪广便很快掌握了许多摄影、摄像的技巧和图片加工、视频处理等计算机技术。

而恰好在那时，微电影诞生并很快得到了快速发展，从《乐珊之恋》到《一个馒头引发的血案》《老男孩》再到《青春期》《荒野逃生》等在大学生流行开来，而这些作品进一步激发了他创作、实践的冲动。

"一节专业课上，熊阳俊老师为我们分析了微电影的起源与发展、影响与效益、挑战与未来，并十分肯定的告诉我们，今后十年，这个行业一定大有发展，让我一下子好像找到了自己奋斗方向，我要创业，要做出具有我的风格的微视作品！"朱洪广兴高采烈地讲到。

全面拓展　夯实创业根基

创业何其难，大学生创业，更是难上加难。对于这一点，朱洪广有着清醒的认识。

"整个大学期间，我一直没有闲着。我告诉自己，要想实现梦想，必须抓住大学的每一分每一秒！"

他是这么想的，也是这么做的。

为了提升业务技能，专业课上，他深入钻研每一个知识点，抓住每一次机会和老师探讨、交流；实习时间，他白天调试设备、实践拍摄，晚上学习专业软件、加工作品，计算机、数码机、摄影机成为了他最好的朋友……

为了增强管理能力，他竞聘上岗学院"弘美传媒设计协会"理事长，尝试独自带队的艰辛；他牵头成立"缘幕影视"工作室，入驻学校创业孵化基地，不断往自己身上压担子。

为了赚到创业本金，他寒暑假几乎不休息，大一、大二时坚持到电视台做兼职；大三、大四时和团队一起出租毕业服、拍摄毕业照，承接婚庆业务、企业宣传片业务。

付出终有回报，毕业时，他与他的团队有了不小收获，创作的微电影《勇者无畏》获得了 7 项省级、国家级大奖，个人被评为湖南省首届大学生微电影节最佳导演；《价值，而不是价格》荣获中国大学生 DV 文化艺术节最佳剪辑奖；《不如，爱吧》腾讯浏览器广告大赛最佳编剧奖……

乘势而为 创出一片天地

2014 年 9 月，李克强总理在达沃斯论坛上公开发出"大众创业、万众创新"的号召，而此时的朱洪广，刚刚毕业 3 个月，正在为创办自己的公司而四处奔波。

"必须乘势而为，为梦想去战斗！"朱洪广意识到，吹动自己梦想之帆的"东风"来了！

"此时不干，更待何时？"很快，他找到了业界老朋友陈宇等合作伙伴，注册成立了"湖南快乐光影文化传媒有限公司"，布局电影、电视剧、纪录片、广告片及微电影的创作、拍摄与加工，正式开启了他的创业时代。

2015 年，在他的带领下，公司为中联重科、国家电网等企事业策划、拍摄、制作了多个年终总结宣传片，为郴州市政府、招商银行、广汽菲亚特等单位制作了宣传广告片，为长沙团市委拍摄了微电影《一个人的学校》并取得了轰动，公司营业收入突破 500 万。

2016 年，凭借实力和影响，公司业务又不断拓宽，先后承接了湖南卫视《天天向上》的 VCR 调色、《我是歌手》拍摄及纪录片制作、芒果 TV 广告版制作及北京卫视《歌手是谁》LED 特效等电视业务，并参与了《时间监狱》等多部院线电影的拍摄，还为中建五局、利源隆茶叶等企业创作了宣传动画，公司营业收入环比成倍增长。

"2017年，公司营收超1500万应该不难！"谈到未来时，朱洪广自信地说到。

筑梦东方　双创永在途中

"我今天的小小成功，有国家政策的支持，有自己的不懈奋斗，但我最感谢的，还是当年在学校接受的教育和给予我启迪和帮助的老师！"回首自己的创业之路，朱洪广感慨到。

"他们的成功，便是我们最大的骄傲！"该院院长朱翠英教授说到，"近年来，学院高度重视大学生创新创业工作，形成了党政齐抓、部门联动、全员参与的长效机制，引导学生乐于双创、善于双创、成于双创，很高兴看到成效初显！"

据统计，2014年至今，该院共举办了学术讲座、校友论坛、创业沙龙等双创活动137场次，大力培育学生双创意识；发动学生立项院校省级创新项目173项，指导学生开发创业项目124项，积极引领学生参与双创实践；组织242个学生项目参加省级及以上创新创业比赛，获得了185项奖励，并涌现除了210多名同学（含毕业生）成功创业先锋，而朱洪广便是这其中的典型代表。

该院主管大学生双创工作的刘湘辉副院长表示，当前学院正在积极推进与北京启明星工程的合作，加快建设升级版大学生双创孵化基地——"星创吧"。"星创吧"建成后，将全面构建起院"1院（虚拟创业学院）+1室（双创教研室）+1吧（星创吧）+1班（CMA创新班）"的特色工作格局，有效提升学院的教育帮扶质量，为双创时代大学生的成长成才打牢基础。

有理由相信，更多创新创业的种子，将在东方这片沃土上开花、结硕果。

三、"东方坛"大学生学术科技节

"东方坛"大学生学术科技节是学院学工战线引领大学生参与科技创新的品牌项目，由学院团委于2003年创办，之后每年举办1次，主要包含学术科技作品竞赛、学术科技作品展、科技之星知识竞赛等多项活动（图3-11），至今已成功举办15届。

在"东方坛"大学生学术科技节的持续影响下，学院学生参与学术研究和科技创新的兴趣不断提升。近五年，学生共申报院级、校级科创基金项目258项，共发表相关研究论文89篇，取得发明专利14项（图3-12）。对于立项的院级、校级项目，学院团委一方面加强与指导老师的联系，认真做好中期考核和结题验收；另一方面积极推荐参加省级及以上比赛，相继取得了全省、全国"挑战杯"课外学生科技作品竞赛一等奖的突破，诞生了无人飞行器、智能摘果器、环保净水器、智能桌椅等优秀科创作品。

图3-11 母体学校领导参观学院　　　　图3-12 学院大学生科创团队
　　大学生科创成果展台　　　　　　　　演示发明专利

资料：

中国大学生创新创业的"奥林匹克圣会"

"挑战杯"全国大学生系列科技学术竞赛由江泽民同志亲自题写杯名，由团中央、中国科协、教育部、全国学联共同主办，由国内著名大学承办，分课外学术科技作品竞赛和大学生创业计划竞赛2类。课外学术科技作品竞赛，简称为"大挑"；大学生创业计划竞赛，简称为"小挑"。每2年1届间隔举办，被公认为中国大学生创新创业的"奥林匹克盛会"。

其中，首届"大挑"于1989年在清华大学举行，1991—2013年，第二至十三届"大挑"分别在浙江大学、上海交大、武汉大学、南京理工大学、重庆大学、西安交大、华南理工大学、复旦大学、南开大学、北京航天航空大学、大连理工大学、苏州大学举行，2015年广东工业大学、香港科技大学联合举办了第十四届"大挑"赛事，2017年第十五届"大挑"将在上海大学举行。

首届"小挑"于1999年由清华大学创办，2000—2012年，第一至八届"小挑"先后在清华大学、上海交通大学、浙江大学、厦门大学、山东大学、四川大学、吉林大学、同济大学成功举办。

2014年，为贯彻落实习近平总书记系列重要讲话和党中央有关指示精神，适应大学生创业发展的形势需要，共青团中央、教育部、人力资源社会保障部、中国科协、全国学联决定，在原有"挑战杯"中国大学生创业计划竞赛的基础上，自2014年起共同组织开展"创青春"全国大学生创业大赛，每2年举办1次。

2016"创青春"全国大学生创业大赛在四川成都举行，吸引了全国2200余所院校参与。经过初审、复赛，层层选拔，最终399个创业项目从全国11万个项目中脱颖而出，进入决赛。大赛评委会最终评定出金奖项目134个，银奖项目262个。本次大赛期间，93家创服、创投机构进行了推介交流，为100余个优秀项目提供专场洽谈近200场次，累计76个项目达成意向签约，其中27个项目入驻创服机构，49个项目与创投机构签署投融资意向协议，累计获得意向性投融资金额6.03亿元人民币。

四、"赢在东方"创业计划大赛

"赢在东方"创业计划大赛（图3-13、图3-14）是学院学工战线引领大学生参与创业实践的主打活动，由招生就业创业指导中心于2012年创办，之后每年举行1次，比赛主要分为创业计划展示、评审问辩、总结评奖3个环节，至今已成功举办6届。

近年来，"赢在东方"创业计划大赛参赛项目逐年增加，从第一届的12个增加到第六届的81个，增长近7倍；参赛学生人数稳步提升，从2012年的40余人发展到了2017年的428人；参赛人数占学生总人数的比例逐年提高，从2012的0.2%提升到了2017的7.1%。

通过比赛，学院发现了不少有潜力的创业计划。对于这些项目，一方面，学院招生就业创业指导中心将其入驻院内创业孵化基地，为其成功创业提供支撑平台，至今基地已累计入驻创业项目37个；另一方面，学院招生就业创业指导中心积极邀请校内外相关专家，对项目进行进一步优化和改进，推荐参加校级、省级及以上比赛。据统计，近三年共指导20余个学生创业项目赴校外参赛，获得了湖南省"互联网+"大学生创新创业大赛银奖、湖南省"创青春"大学生创业大赛铜奖等诸多奖励，涌现出自信科技、缘幕影视、悦心公益等学生创业先锋团队。

图 3 - 13　学院第四届"赢在东方"创业计划大赛

图 3 - 14　学院第五届"赢在东方"创业计划大赛

资料：

2016 中国大学生创业报告①

《2016 大学生创业报告》 由中国人民大学创业学院和商学院联合编纂发布，报告基于一项覆盖全国 31 个省市自治区 1767 所高校的 43 万

----

① 中国人民大学首次发布《2016 中国大学生创业报告》［EB/OL］. (2016 - 12 - 29).

多名在校或刚毕业大学生的大规模问卷调查，结合回归分析、案例分析、大数据分析等研究方法，对中国大学生创业现状、成就和面临的挑战进行了全面深入研究，是我国第一部关于大学生创业教育与创业实践的全景式研究报告。

报告认为，我国高校双创教育的产生与发展历程，大致经历了4个阶段，即：创新创业教育的引入试点阶段（1998—2002 年）；创业教育与职业发展的对接阶段（2002—2008 年）；支持国家双创战略、双创教育的全面实践阶段（2008—2012 年）；扎实推进双创教育深度发展的实践阶段（2012—2016 年）。在国家鼓励"双创"的大背景下，国内各大高校积极深化创新创业教育改革，并已经取得了显著的成效。基于"平台型创业学院"整合相关资源成为实施"双创"教育的新探索；"双创"教育与科技产业园孵化联动模式给大学生提供了更接近真实创业实践的体验；一些专业学科优势明显的高校还开发出了"专业纵深化、产教协同性"的创业实训模式等。总体来看，高校创新创业教育实践已经为我国创业教育的总体生态系统贡献了巨大活力。

调查结果显示，我国有90%的在校大学生具有创业意向，近20%拥有强烈的创业意向；餐饮、农业、信息产业、运输、教育、文化等行业是大学生创业的主要领域；近90%大学生认为高校创业教育对创业活动有一定的促进作用，"优先转入创业项目相关专业"成为最受大学生欢迎的创业鼓励政策。

第三节　社会实践活动教育工程

我国大学生广泛参与社会实践起始于 19 世纪 80 年代初，共青团中央号召全国大学生在暑期开展的"三下乡"活动。（大学生"三下乡"是指文化、科技、卫生下乡，是各高校在暑期开展的一项意在提高大学生综合素质的社会实践活动。）1996 年 12 月，中宣部、国家科委、农业部、文化部等 10 部委联合下发《关于开展文化科技卫生"三下乡"活动的通知》，从 1997 年暑假开始"三下乡"活动正式在全国范围展开；2005 年，共青团中央、中宣部等联合下发的《关于进一步加强和改进大学生社会实践的意见》（青联发〔2005〕3 号）明确指出，要引导大学生走出校门、深入基层、深入群众，开展专业实习、军政训练、社会调查、生产劳动、勤工助学等实践活动，促进大学生成长成才。至今，高校社会实践活动开展如火如荼，成为了当代我国大学生了解社会、拓展素质、增强才干的重要平台。

一、从"双轮驱动"到"多轮引动"

自 2002 年招收第一届学生开始，学院学工战线便着手展开了社会实践活动教育，鉴于当时的实际情况，最初工作抓手只有校外勤工助学和暑期"三下乡"2 个项目。其中，校外勤工助学由学院学生工作部牵头实施，暑期"三下乡"由学院团委组织开展。项目受到了学生的普遍欢迎，成为了驱动学院社会实践活动教育的"双轮"。

从 2006 年开始，学院学工战线在上级教育主管部门相关文件精神的指引下，结合发展形势和学院实际，相继开发了专题项目调研、寒假社会调查、名企行、政府行、赴美带薪实践等活动，并对校外勤工助学和暑期"三下乡"项目进行了深度优化，逐步形成了"多轮引动"的社会实践活动育人体系。

当前，学院"社会实践活动教育工程"内容体系如图3-15所示。

图3-15　学院社会实践活动教育工程内容体系

其中，专题项目调研主要对接上级教育主管部门的专项工作部署，由学生自由组队进行申报，相关部门负责管理；校外勤工助学由学院学生工作部组织实施，主要满足学生特别是家庭经济困难学生的个体需求；假期社会调查允许学生以个人或团队形式自主开展，实施过程和结果由学院团委负责审核，此项实践为学生必修课，学生在校期间必须修满2个学分方可毕业；暑期"三下乡"（图3-16）、名企行、政府行活

图3-16　学院2012年"三下乡"活动启动仪式

动由学院团委（含学部团总支）组织以团队形式具体实施；赴美带薪实践活动由学院培训与对外交流中心负责开展。

二、打响暑期"三下乡"攻坚战

暑期"三下乡"是学院社会实践活动教育的主打项目（图3-17）。2014年以前，学院开展此项活动主要采用"游击战"模式，即每年根据基层对接情况，去往不同的地点开展不同主题的实践活动。

图3-17 学院大学生开展专题项目调研

2014年暑假，利用"学院农村儿童青少年健康促进研究中心经湖南省教育厅批准成为湖南省普通高等学校哲学社会科学重点研究基地"（图3-18）这一重要契机，学院适时调整了该项活动的实施策略，改原来的"打游击战"为"打攻坚战"，围绕学院省级重点科研平台的部

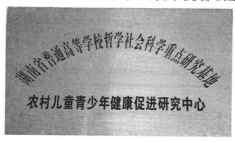

图3-18 学院被评为省级哲学社会科学重点研究基地

分示范实验基地（见表3－1），组织师生聚焦农村儿童青少年心理健康定点、持续展开社会实践。

表3－1 学院农村儿童青少年健康促进研究中心部分示范实验基地

序号	基地名称
1	岳阳平江三墩中学
2	湘潭云龙实验中学
3	韶山华润学校
4	邵阳县黄塘乡中学
5	衡山县白云九年一贯制学校
6	永州江华创新实验学校
7	益阳安化龙塘乡完小学校

打响暑期"三下乡"攻坚战，旨在将暑期"三下乡"活动打造成为集人才培养、科学研究、社会服务、文化传承于一体的特色教育平台，突显了学院对大学生社会实践工作的高度重视，标志着暑期"三下乡"开启了新篇章。

资料：

大学生暑期"三下乡"的起源与发展

1983年，共青团中央、全国学联在纪念"一二·九"运动48周年之际发出了开展"社会实践活动周"的号召，得到了高校团学组织和青年学生的积极响应和广泛参与，此后社会实践活动不断拓展。

从1997年开始，在国家有关部委开展文化科技卫生"三下乡"活动的总体框架下，中宣部、中央文明办、教育部、团中央、全国学联等每年暑期都下发专门文件，积极动员、组织大学生参与"三下乡"社会实践活动，至2017年已持续开展20年。

　　20 年来，累计有数千万人次的青年学生在实践中收获成长，大学生"三下乡"社会实践活动已成为当代中国青年运动中一道"亮丽风景线"。

　　2017 年全国"三下乡"社会实践活动以"喜迎十九大·青春建新功"为主题，深入贯彻落实全国高校思想政治工作会议精神，共组织国家级、省级、校级重点实践团队约 11.46 万支，吸引超过 777.5 万人次青年学生参与，广大青年学生围绕理论和政策宣讲、科技支农、教育关爱、文化服务、卫生医疗等领域广泛开展实践服务活动，并结合"迎接十九大""一带一路""脱贫攻坚"等党和国家工作大局开展了 10 个专项活动，取得了丰硕的成果。

三、"三墩中学"的三年实践之旅

　　自 2014 年暑假开始，在学院打响"三下乡"攻坚战的总体部署下，学院团委、各学部团总支积极对接实践基地，聚焦"农村儿童青少年心理健康"，开展了大量诸有成效的实践活动，为基地中小学及当地留守儿童带去了实惠，同时，锻炼培养了一大批优秀大学生，中国教育报、中国青年报、湖南日报等给予了多次报道。其中，特别值得一提的是学院团委 2014—2017 年在平江"三墩中学"的三年实践之旅。

　　三年间，学院团委每年定点在"三墩中学"实践 2 个星期，先后派出了 3 批团队共 196 名师生；累计完成《农村留守儿童心理状况及其对策》等 5 个专项调研，发表了相关论文 7 篇；为该校师生开展职业倦怠与心理调适、中小学生心理问题的干预等专题讲座 4 场；为该校援建了"知心屋"，捐献了电脑和大量书籍刊物；指导该校完成了学生心理普查、心理问题学生建档等工作，并为 10 多名心疾患者提供了免费诊治；共开展义务支教、爱心助学 280 学时，举办文艺晚会 3 场，并邀请 5 名留守儿童走进学院体验了大学生活；走访困难学生家庭 120 余户，为贫困学生捐款 1 万元，并结成"一对一"帮扶对象 10 名。

图 3 – 19　学院大学生在三墩中学　　　　图 3 – 20　学院与三墩中学

　　　　　　　爱心支教　　　　　　　　　　　　签订合作协议

　　此外，学院学生根据该校留守儿童的生活学习原型，创作、拍摄、制作的微电影《心的方向》获得了全省大学生微电影大赛一等奖，在腾讯视频点击量超过 50 万次，产生了广泛的社会影响。

案例：

2015 年"三下乡"日记①

　　如果一定要期许，且允许她肆意挥洒她的生动，圆就一枚鲜活的果实，于时光的流苏里细细品味；如果一定要感悟，且珍惜她心心相许的虔诚，书写一页盛世的华章，随流年的凝望深情相拥。

　　七月的盛夏，透蓝的天空，怀揣着激动与好奇，我们踏上了前往平江三墩中学的道路，这是我们学院每年暑期都要进行的社会实践活动。很高兴我能够有机会和大家一起参加这次"三下乡"，因为这不仅是一

──────────

　　①　作者为湖南农业大学东方科技学院 2012 级学生陈乔丹，该生在大学期间表现突出，先后获得校级优秀青年志愿者、校级三好学生、校级优秀团干和省级优秀毕业生等荣誉称号。

次体验，更是一次对自己的历练。

我们这次"三下乡"的主题是"关爱留守儿童，呵护青苗成长"，对平江县三墩乡开展"留守儿童"爱心帮扶活动，并开展课题调研、团体辅导、爱心助学、文化下乡等活动。今天，我们调研支队开始了行动，5 天时间里需要走访 15 个村子的 42 个家庭。

当看到第一位留守儿童徐妹时，她亲切地和我们打招呼问好，并带领我们去往她家。在路上，我开始试着慢慢和她交流，一开始她的内心还是敏感的，有些许避讳。但随着话匣子的打开，她也不再抵触我们，并大方地和我聊着天。她给我的感觉不是我想象中的自闭、叛逆，而是懂事、乐观、自立。她给我透露了一些家庭大概状况。她悄悄地和我说："我是家里的药罐子，姐姐你待会去我们家看，整个墙壁都挂着药。其实我内心是很悲伤的，但是我不会在家人面前表现出来。"那刻，她低下头似乎想掩饰内心的伤心。我听到她说的话，如鲠在喉，心想：该有多坚强才会说出这番话。等我们到达她家，她走进里屋拿出茶叶泡茶。有一个细节让我觉得心很酸。她一边倒开水时一边说："妈妈捡柴、提水很辛苦，姐姐，我就不把水倒满了。一杯花椒茶体现的是三墩村民的热情，是一个孩子对妈妈的爱。徐妹父亲去镇上做小工，早出晚归，中间我们问到是否希望爸爸外出打工，她说道："这个家是希望爸爸出去的，但其实我自己并不想。"稚嫩的脸上有着的是超乎同龄人的懂事与责任感。因为平时由于母亲身体原因，除了父亲，她也是一个小家长了，做家务、照顾妹妹、做农活，她用轻松的语气略过。在她这个年纪，本该有着父母的宠爱，无忧无虑地生活，可 12 岁的她却要经历贫困的折磨，时刻面对着失学危险。她说她想读书，以后帮父母减轻负担。在旁人听来，可能觉得这些只是小事，但对她来说，这却是梦想，是奢望。

不同的人，相同的感受；不同的人，同样的梦想。那是一群渴望知识的孩子，在相同的年纪希望有父母亲的陪伴，更希望拥有一个无忧无虑的童年。现在，生活的压力虽未落到他们小小的肩头，但却促使他们在快速成长。环境可成就一个人，亦可毁灭一个人。在别人看来，留守儿童说法各有千秋，"叛逆""自闭"……这是人们一贯贴上的标签，但今天我所听到、看到的是淳朴、乐观、懂事。震撼很大，不真正走进大山深处，不亲身去经历，很多都是无法感同身受的。我们能做的只是希望尽自己所能为他们去争取，通过更多平台传播，让更多的人来关注。

四、"东方名企行"

"东方名企行"活动是学院社会实践活动教育的又一特色项目（图3-21），主要由学院团委（含学部团总支）和学院招生就业创业指导中心组织实施，活动自2005年开办，至2018年下半年已顺利开展75期，参与学生4000余人次。

图3-21 学院大学生走进中联重科

"名企行"活动主要有两个目的：一是为肄业生架起前往企业学习、参观、学习的桥梁；二是为毕业生开拓实习、就业市场，建立学院实习、就业基地。近年来，通过开展名企行活动，学院新建了50余企业社会实践基地、实习基地和就业基地，有效地促进了学院人才培养事

图 3 - 22   学院大学生走进明园蜂业

业和大学生的就业创业（图 3 - 22）。

案例：

湖南农业大学"东方名企行"走进青岛啤酒①

4 月 2 日上午，在湖南农业大学东方科技学院团委朱育锋老师、招就中心周宇老师的带领下，该院部分相关专业的学生代表一行 50 余人前往位于宁乡经济开发区的青岛啤酒（长沙）有限公司参观学习，品味青岛啤酒百年企业文化，第 20 期"东方名企行"正式拉开序幕。

青岛啤酒（长沙）有限公司是在青岛啤酒股份有限公司与美国 AB 公司形成战略合作伙伴关系后新建的第一个专业化啤酒公司，2004 年投资 2.5 亿建成，现已成为长沙市具有重要经济影响的企业和集生产、工业游为一体的园林式现代化工厂，并被湖南省确定为优化经济发展环境监督测评点。

首先，公司领导与该校师生举行了欢迎会。会上，相关部门领导分别就技术情况、设备、人事制度等方面向在场师生做了详细介绍，到访

---

① 湖南农业大学走进"青岛啤酒"东方名企行成功举行 [EB/OL]. (2009 - 04 - 07).

同学也纷纷就自己关心的问题，如大学生的就业、企业对大学生的要求、金融危机对企业的影响等请教了青岛啤酒的相关部门负责同志，工作人员都一一做了详尽的解答。座谈会后，部分毕业生与企业人力资源部负责人一对一进行了交流。

随后，企业为湖南农业大学师生举行了品酒交流会。工作人员教我们如何品尝啤酒，大家每人领取一小杯新鲜的青岛啤酒，在品尝美酒的同时，悉心领略了青岛啤酒的百年企业文化。

在公司导游的带领下，我们参观了青岛啤酒的文化展览馆和生产工艺区。通过馆区内存放的详细图文资料，我们了解了啤酒的起源、青岛啤酒的悠久历史、青岛啤酒取得的各种荣誉。在生产工艺区，珍藏的老发酵池、老储酒罐、老试验室的复制场景向我们展示了青岛啤酒生产历史的全貌，先进的生产线流程向我们展现了青岛啤酒的飞速发展和先进技术。

此次东方名企行为同学们和青岛啤酒搭建了一个交流的平台，不仅让同学们学到了许多实践知识，更让同学们懂得如何完善自己使自己能成为一名真正合格的大学毕业生，走向自己今后的工作岗位，做一名有利于社会的人。

第四节 公益服务活动教育工程

我国大学生参与公益服务实践源起于每年 3 月开展的"学雷锋"活动。进入 21 世纪，随着大学生社会参与意识和社会责任感的日益提升，高校公益类学生社团蓬勃涌现，呈现燎原之势，吸引了大量大学生参与其中，掀起了高校公益服务的热潮。此后，在 2008 年北京奥运会、2010 年上海世博会等大型活动的引领和带动下，公益服务日渐成为了当代青年大学生最愿意参与的课外活动。2016 年 1 月 21 日，中国扶贫基金会主办、北京大学学生资助中心协办的第四届全国高校公益论坛上发布的《2015 年度大学生公益现状调查报告》显示：2015 年度，90%以上大学生参与过捐款、捐物、献血、志愿服务等公益活动，大学生公益热情高涨且对我国公益事业充满信心。

一、从"三月春风"到"人人公益"

学院大学生公益服务活动教育最初的抓手主要是共青团每年 3 月组织开展的"学雷锋"活动月（图 3 - 23）。活动受了学生的普遍欢迎，每年均开展了大量的公益服务活动。但由于没有建立注册制度、服务地点受限、一方组织管理难度太大等原因，在参与面、活动形式、服务时间等方面都受到了一定限制。

近年来，学院通过大力发展学生社团、引导学生班级自主组织活动、鼓励学生个体参与公益实践等方式，积极推进公益服务活动教育的改革创新，取得了明显实效。至今，学院 6000 余名学子均成为了长沙市在册志愿者，设有 1 个青年志愿者总会和 4 个分会，院团委、院学生会、学部团总支、学部学生分会及班级团支部总计在校内校外建立了

260多个公益服务基地，每年坚持开展各类公益实践活动300多场，教职员工参与公益的积极性也显著提升，"人人公益"的局面初步形成（图3-24）。

图3-23 学院启动志愿服务活动月 　　图3-24 学院大学生积极参与献血活动

当前，学院"公益服务活动教育"内容体系如图3-25所示。

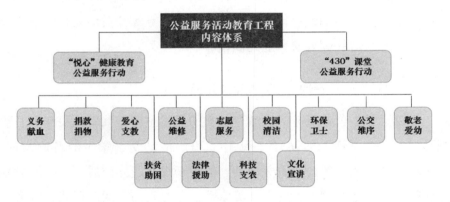

图3-25 学院公益服务活动教育工程内容体系

其中，"悦心"健康教育公益服务行动、"430"课堂公益服务行动是学院级层面主推的2个专项行动，由学院团委组织实施；义务献血、捐款捐物、爱心支教、扶贫助困、公益维修、法律援助、志愿服务、科技支农、校园清洁、文化宣讲、环保卫视、公交维序、敬老爱幼等活动则主要由学部团总支、班级团支部和学生社团组织开展。

案例：

40 万个瓶子，收集着大学生对留守儿童的帮扶①

"收瓶子哟！收瓶子哟！"寝室楼道里响起吆喝声。几个身穿红马甲，头戴小红帽的身影走过湖南农业大学东方科技学院宿舍楼的每个楼道。

"都在老地方堆着呢！"一名同学对吆喝者说。打开老地方的柜门，瓶子哗啦啦地往外掉。"我把隔壁的瓶子都收过来了。希望你们能多卖点钱帮助更多孩子啊。"

收瓶子的是学院志愿者协会的成员，每个周日晚上，是他们固定回收空瓶子的时间。

近 5 年来，一届又一届的志愿者，完成了 40 多万个瓶子的爱心收集，积攒了 2 万余元，先后资助汨罗市 7 名贫困儿童直至初中毕业。

现在，越来越多的学生加入收集瓶子的行动。经常有寝室给志愿者发短信："我们这里有好多瓶子，快来收吧！"

志愿者万宇记得一次晚上收完瓶子往仓库走，袋子破了却未被发现。等他走到仓库的时候，后面追来了两个不认识的同学，一人抱着一堆瓶子。

还有一次，时值酷暑。一名男生听到志愿者的吆喝声，掀起床垫，下面都是灌满冰水的饮料瓶。这是他用来降温的"水床"。这个男生把瓶子逐一拧开，把水倒掉，然后捐出所有的空瓶子。

关爱农村留守儿童是东方科技学院省级重点研究基地——农村儿童青少年健康促进研究中心的主要工作之一。院长兼平台负责人朱翠英教

---

① 曲臻，王晓凡，洪克非. 40 万个瓶子，收集着大学生对留守儿童的帮扶［N］. 中国青年报，2016－05－13（9）.

授一直鼓励支持大学生开展"大手牵小手"等关爱活动。

空瓶行动源于 2011 年 9 月东方科技学院生科学部团总支书记陈芬的一次带队寻访。陈芬当时在汨罗市挂职。为真实了解留守儿童的现状，她带领学生志愿者们走进汨罗市磊石、新塘、白塘等乡镇走访调研。

徐妹禅是贫困学生之一，也是走访对象之一。师生目光所及的是低矮土屋、漆黑房间。徐妹禅的爷爷看到来客人了，才舍得开灯。昏暗灯光下，隐隐看到窄小的房子里，一角堆满了柴火，小鸡仔到处飞窜。十几分钟内，灯灭了几次。因为没有桌椅，志愿者们把对徐妹禅的学业资助协议垫在一块板子上，完成了"签署协议"。

回校后，志愿者们讨论着如何开展帮扶活动、如何找到一种可持续的筹款方法。协会第一任负责人刘宇航提出回收空瓶子，"成本低、量很大"。办法一出，大家赞同。一晃，活动竟然坚持了近 5 年。

除了收瓶子项目，志愿者们还通过到快递公司兼职、开展圣诞节苹果义卖、废旧书籍义卖等方式筹集资金。

从收集第一个瓶子至今，这群大学生志愿者共筹得 20328.5 元。"做志愿，蛮拼的！"这是许多人对他们的评价。

"嘿，姐姐，一转眼我就是初三学生了，都有点不敢相信呢。姐姐最近过得好不好？听说姐姐要考研，一定要注意身体，加油！"

这是受资助学生张茜发给志愿者曹帆的短信。

2014 年，志愿者走访张茜一家，并签订了长期资助协议。"茜茜很不爱说话，常常胆小地坐在位置上，郁郁寡欢。"曹帆回忆，"那个时候忽然意识到，除了给他们捐款，我们更应该走进他们的内心。"

在帮扶学业的基础上，这些大学生又建立了电话回访制度。聊生活、聊学习、聊自己的小心事……电话逐渐打开了张茜的心扉。

在陈芬老师的电脑里，存着一个文件夹，上面详细记录了协会成员每一次电话回访的时间和内容。这个档案，跟踪记录着留守儿童的成长轨迹，也成为大学生志愿者接力爱心的资料库。

二、为全员公益保驾护航

近年来，学院还出台了一系列政策和激励措施，鼓励全体师生积极参与公益实践。教师层面，学院规定班主任老师每个学期需至少参加 1 次班级组织的公益服务活动；此外，对指导团队或班级公益类实践或者创业项目取得良好成绩的，学院给予物质奖励，并在职称晋升时予以加分；学生干部层面，学院统一出台的《学生干部管理规定》：学年内必须参与至少 2 次公益服务活动，不达标干部将予以清退；学生社团层面，学院优先发展公益类社团，对于在公益服务方面做出突出事迹的学生社团优先推荐评选年度明星社团、优秀社团；学生个体层面，学院出台了《关于进一步推进湖南农业大学东方科技学院大学生素质拓展活动教育的意见》等文件，对于被评为院级及以上优秀青年志愿者、年度内参与 10 次及以上公益实践活动的学生，可授予 1 个素质拓展学分。此外，学院针对毕业生还出台了每人 5000 元的奖励等措施，为全员公

图 3 - 26　学院机关直属第二党支部积极参与献血活动

益报价护航。

三、"悦心"健康教育公益服务行动

"悦心"健康教育公益服务行动是学院团委组织大学生志愿者针对农村留守儿童开展的品牌教育项目，行动开始于2007年，至今已坚持开展10年（图3-27、图3-28）。

图3-27 学院"悦心"志愿者　　　　图3-28 学院"悦心"志愿者
　　　　开展学业辅导　　　　　　　　　　　　开展心健游戏

数年间，学院"悦心"志愿者的足迹覆盖了全省24个县市，完成了15000余名农村留守儿童的心理普查工作，累计为4600余名农村留守中小学生提供了免费的心理辅导和学业辅导；援助了1518名经济困难留守儿童，一对一精准帮扶了80名特困青少年，捐献了爱心书包2000个和大量的爱心衣物、爱心书籍；培训了200多名农村中小学心理健康教育从业人员，助建了30个农村中小学"知心屋"……《中国教育报》《中国青年报》多次给予了报道，产生了深远的社会影响。

近年来，学院大学生志愿者将公益实践与创新创业深度结合，开发的公益创业项目《"悦心"健康教育公益服务计划》，相继获得2016年全省"创青春"创业大赛铜奖、2016年全省首届青年志愿者服务项目

大赛银奖等荣誉（图3－29、图3－30）。

图3－29　学院"悦心"团队参加全省首届青年志愿者服务大赛

图3－30　学院"悦心"团队参加全省
"创青春"创业大赛

此外，2016年学院向长沙市民政局申请成立了民非组织"长沙市悦心健康教育公益服务中心"，力图通过全面整合专家资源、硬件资源、志愿者资源，借助政府、企事业单位和社会组织的力量，做实、做深、做强该项目，为湖南省青少年的健康成长和身心发展作出积极贡献，探索出可在全国进行推广的青少年心理健康关爱事业的长效机制和特色做法。

案例：

梦想，一个也不能少
——湖南农业大学东方科技学院牵手"失依儿童"寻梦①

"百花，最近学习还好吗？"

"还好咧，物理考了93分，哈哈。"

11月29日晚上，当湖南农业大学东方科技学院学生李子涵拨通岳阳平江县的失依儿童徐百花的电话时，话筒另一端的徐百花满怀信心地表示，要努力学习考个好大学，以后才有能力照顾外公、外婆。

一年前，百花成绩平平，尤其数学成绩差。但在李子涵等志愿者的帮扶下进步很快。现在，她开始憧憬今后读大学的日子了。

从去年4月到现在，湖南岳阳市平江县和怀化市沅陵县筲箕湾镇近50名失依儿童得到东方科技学院志愿者帮扶，他们或者性格变得更加开朗，或者更加热爱学习，或者对未来充满了向往，人生渐渐地开始有了梦想。

现实——"她要的东西，我一般都给不了"

生活中，有这样一群特殊的孩子。他们尚未成年，就由于各种原因失去生身父母的照顾，既无法得到父母的关爱，也无法享受国家每年给孤儿提供的基本补贴，社会称之为"失依儿童"。

---

① 李琴丽，洪克非，陈凤莉. 梦想，一个也不少［N］. 中国青年报，2013 - 12 - 12 (8).

12岁的石先羽（以下简称"小羽"）是平江县一个典型的失依儿童。母亲去世了，没有爷爷、奶奶，年近60的父亲只能找一些零工补贴家用，平常没有时间照顾小羽。小羽有的时候就去隔壁家吃饭，衣物都是隔壁家的小女孩帮他洗。

志愿者刘昊芳走入小羽家时深为触动：刚刚建好的房子还只有最初的轮廓，墙也没有刷，没有一样家具。屋内的地上坑坑洼洼……

眼窝深陷、皮肤又黑又黄，头发状如一铺稻草的小羽则更让人心酸。

而类似这种情况的，不止小羽一家。

9岁的陈胜贵是爷爷捡来的孙女，年迈的爷爷是家里唯一的经济支柱。起初，她还会问爷爷要些什么，后面基本上就没开过口。

"她要的东西，我一般都给不了，只能靠她以后自己去努力。"爷爷充满内疚和无奈。

最让志愿者们感触的是今年8岁的失依儿童"石头"。

今年7月6日，志愿者们来到石头家，大伙拿出事先准备好的书包和玩具，没想到孩子忽闪着大眼睛惊恐地望了老半天后，最后歪着脑袋说出的渴望是："能有支冰棒吃不？""我当时忍不住眼泪就出来了。这么简单的一件事，对他来说怎么像登天一样难？"王雯哲说。

志愿者任静文感慨道："贫困让这些孩子比同龄人更早懂事，当曾经无数个'我想要'被现实击垮后，梦想都是奢侈的幸福。"

帮扶——被引导出来的"要什么"

张宗尖是个5岁的小朋友，他的母亲有智力障碍，父亲已故，爷爷86岁高龄，家徒四壁。小宗尖可能没见过这么多生人，一看见志愿者们就跑到房间里躲起来。他的母亲硬把他拉出来，但是小宗尖眼里露出恐惧，一边退缩到爷爷身边，一边寻找离开的方法。

"我们选择用零食安抚他的情绪，尽量分散他的注意力。在和爷爷的交谈中发现小宗尖很喜欢飞机，志愿者拿出水彩笔画起飞机来，小宗尖一下就被吸引过来。"贺强说。

志愿者说，很多孩子被问到自己的梦想时，大部分一脸茫然。经过引导，不愿意说出梦想的孩子开始愿意在纸上轻轻地写下自己的梦想。志愿者们将"梦想小便签"发给孩子们，他们稚嫩的手写下了这些梦想："我想要一条红裙子""我想有一辆属于自己的自行车""我要自己的羽毛球拍""我想有一本字典和一本《红楼梦》""我想赚钱养活爷爷奶奶"。

看着这些"梦想小便签"，志愿者们决定凑钱先为孩子们实现一些相对容易实现的"梦想"。"只有小宗尖和张茜说自己以后要当飞行员和警察，其他的基本上还停留在物质上的需求。我们要想办法让他们的梦想飞起来。"彭斐婷说。

关爱——让梦想成为一朵常开不败的花

了解到这一群体的情况后，东方科技学院党委副书记陈钦华表示，要持续对这群孩子进行关注，让失依儿童有所依靠，让他们有梦可想、有梦可追。

来自岳阳平江的徐百花成了被关注的一员。今年11岁的百花，是东方科技学院志愿者在去年暑期"三下乡"中认识并帮扶的"失依儿童"之一。

百花3岁时父亲去世，之后母亲精神失常，她只好跟着年过六旬的外公、外婆生活。她的学费和母亲的住院费都靠外公、外婆喂养家禽和外出捕鱼的微薄收入勉强维持。

同学们把百花从平江接到长沙。学生干部张诗怡说，在长沙的几天里，她和同学李子涵全程陪着百花，给百花辅导功课，带百花参观长沙名胜，每天的行程都安排得特别满。

当问到百花长沙之行的感受时，这个性格稍显内向的女孩微笑着告诉大家："一定要努力读书，将来也能像张诗怡姐姐和李子涵哥哥一样上大学，照顾好外公外婆，做一个能为社会多做贡献的人。"

东方科技学院团委的张登高老师说："之所以把百花带到长沙来，就是为了让石头见识一下外面的世界，激励她努力学习，敢于朝着自己未来的方向大步迈进。我们对失依儿童要由单向的输血式帮扶模式变为双向的造血式关爱模式。"

走访回来后，志愿者们过一段时间就会与失依儿童联系，关心他们的学习、生活状况，为他们解决一些心理上的问题。

心理专业的陈乔丹说，他们发现石头喜欢英语。为了让石头实现自己"学好英语，上更好的初中"这个梦想，他们一年来坚持给石头寄送英汉词典、学习辅导书和文具。石头在短信里和陈乔丹说："我一定要考上一个好初中！"

四、"430课堂"公益服务行动

孩子4点半就放学了，而家长要6点多才下班，为了让小学生们安全、充实度过这90分钟的"家长监护真空时间"，为学校广大教师服务，2014年，学院大学生志愿者针对湖南农业大学子弟小学开启了"430课堂"公益服务行动（图3–31）。

四年里，学院大学生志愿者们坚持每天开展服务，累计服务达到2200多个小时，累计帮扶200多名的学生。志愿者除开展学业辅导外，还自主开办了器乐、朗读、协作等素质拓展课程，并策划组织了多场亲子游戏活动，得到了小学、家长和孩子们的高度赞许。

"430课堂"2015年获评湖南省首届希望工程激励行动. 芙蓉学子精英成就计划十佳项目，并获得1万元的项目资助，首届负责人陈乔丹同学荣获全省"优秀志愿者"称号，并由团省委选派赴台湾公益参学（图3–32）。2016年，湖南经视、湖南广播电视星沙之声等媒体进行了专访和专题报道。

图 3 – 31　学院"430"志愿者
开展服务

图 3 – 32　学院"430"团队负责人
陈乔丹赴台湾参学

第五节　就业实训活动教育工程

就业是最大的民生。党和国家历来高度重视高校毕业生就业工作，出台了诸多政策，给予了大力支持。党的十九大报告指出，要促进高校毕业生更高质量、更加充分就业。众所周知，大学生就业与国家经济社会发展状况、高校办学实力和水平、学生所学专业的社会需求度等密切相关，但最根本的、起决定性作用的，还在于学生自身的专业修为和综合素质，而综合素质中就业专项能力显得尤为重要。基于这一判断，学院学工战线在倾力为学生搭建素质拓展平台的同时，特别针对就业专项能力的培养实施了"就业实训活动教育"工程，帮助大学生转变就业意识、提升就业能力、把握就业机会，取得了良好成效。

一、全员覆盖与分类指导

长期以来，学院学工战线一直坚持全员覆盖与分类指导的总体原则推进大学生就业专项能力的培养。发展至今，形成了以"两项赛事"和"十项培训"为主要内容的就业实训活动教育体系，具体如图3-33所示。

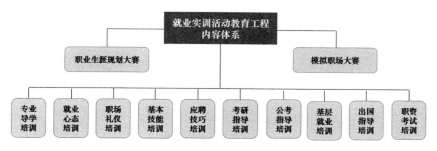

图3-33　学院就业实训活动教育工程内容体系

其中，职业生涯规划大赛与模拟职场大赛由学院招生就业创业指导中心组织实施；专业导学、就业心态培训、职场礼仪培训、基本技能培训、应聘技巧培训主要由各学部组织开展（图 3-34、图 3-35）；考研指导培训、公考指导培训、基层就业培训、职业资格考试培训主要由学院培训与对外交流中心牵头组织，各学部配合。

图 3-34　学院举办简历制作　　　　图 3-35　母体学校张立副校长
　　　　专题培训　　　　　　　　　　　考察学院招聘会

案例：

"互联网+"人才培养模式进校园 助力独立学院转型发展①

为期一周的"互联网营销技能特训营"在湖南农业大学东方科技学院落幕，特训营邀请百度营销大学认证老师为学院 2013 年、2014 级学生进行授课。据悉，这种"互联网+"人才培养模式进入校园，旨在提高学生就业质量、提升学生就业能力、促进学生就业发展，并助力独立学院转型发展。

据介绍，本次特训课程涵盖互联网营销基础、百度搜索引擎推广（SEM）概念与基础、百度推广后台体验实训、百度推广帐号搭建基础

---

① 马晓东. "互联网+"人才培养模式进校园　助力独立学院转型发展［EB/OL］.
　（2017-04-27）.

184

实训、网站建设基础实训、搜索引擎优化 SEO 概念与基础、互联网行业发展及职业前景七大板块。老师通过鲜活的案例为同学们讲解互联网营销的概念，互联网营销的几种方式以及企业的互联网运营流程等内容。让学生了解学习互联网营销的原因，网络营销工作的特点、薪资以及职业发展方向等行业发展情况。同时让学生了解了互联网运营的六大核心技能与对应岗位以及作为互联网运营官需具备的六大能力等从业基本要求。

2014 级邓彩霞同学在培训后写下学习心得：通过一周的学习才认识到互联网营销并非简单的建网站敲键盘，而是从域名注册开始通过平台技术来实现的一个复杂的过程。部分已经从事微商创业的同学更是收获良多，系统了解了互联网推广的初步技巧和工具应用。课程结束后学员还获得了由百度营销大学颁发的培训经历证书。

据悉，独立学院的转型发展已经势在必行，特别是如何做好独立学院人才培养模式的转型实现独立学院学生就业数量和就业质量的双提升，既是经济发展方式转变、产业结构转型升级的迫切要求，也是解决新增劳动及就业结构性矛盾的紧迫要求，更是实现独立学院与一般本科学校教育发展同质化、与产业发展需求脱节等问题的重要抓手。根据专业职业发展需要，举办类似的免费职业技能特训营正是湖南农业大学东方科技学院积极探索的"互联网＋实训＋就业"人才培养新模式。目的是通过强化动手能力和实践技能培养，实现人才培养计划与企业需求接轨，在转型中努力实现就业数量与质量的双提升。

二、首屈一指的考研率

2013—2017 年，学院毕业生考研录取人数分别达到了 338 人、225 人、157 人、171 人、165 人，同期毕业生考研率分别为 12.63%、8.76%、7.87%、9.13%、11.21%（具体如图 3 - 36 所示），两项指标考研录取人数、考研率多年来一直稳居全省同类院校首位。

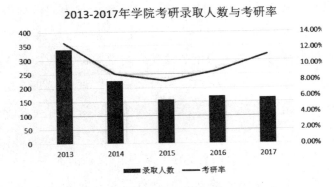

图 3 – 36　学院 2013—2017 年考研录取率

　　首屈一指的考研率与学生的自我奋斗分不开，当然，也与学院学工战线为此所做的诸多工作分不开。

　　首先，在激励动员方面，每年毕业生大会均对考研明星代表进行表彰奖励，坚持举办考研动员大会、经验分享会等活动；在报考指导方面，每年统一组织开展"硕士研究生考试形势分析及政策宣讲"培训会（图 3 – 37），并设有"考研咨询室"和"考研咨询热线"；在服务

图 3 – 37　学院举办考研专场宣讲会

提供方面，配备考研复习专用教室，开通全套免费数学、英语、政治网络培训课程。

其次，初试成绩出来后，坚持举办复式指导统一培训，为考生全方位解读复试国家政策分析、复试中的基本要求和面试技巧及调剂的流程和基本要求；复式成绩出来后，学院还会分学部举办调剂动员与指导培训，并在全院范围内发动教师资源为学生调剂献计献策（图3-38）。

图3-38 学院举办研究生复试辅导讲座

三、模拟职场大赛

学院模拟职场大赛（图3-39）由学院招生就业创业指导中心于

图3-39 学院坚持举办模拟职场大赛

2015年开办，比赛采用学部初赛、学院决赛2级赛制，主要面向全院大三、大四学生，鼓励大一、大二学生参与，至今已成功开展4届，1500余人次的学生参与其中。

比赛主要分为"单刀直入""勇往职前""谈钱不伤感情"和"扶摇职上"等4个环节。其中，"单刀直入"环节主要是参赛者阐述自身简历、介绍自身优劣势、表明自身求职意向；"勇往职前"环节主要是参赛者接受企业代表的面试与提问；"谈钱不伤感情"环节主要是参赛者与意向企业讨论薪酬待遇；"扶摇职上"环节则是最终确定受聘就业实习成功者与企业现场签约。

模拟职场大赛为学生在进入现场招聘会之前提供了良好的锻炼与实践平台，也为企业选拔优秀人才提供了桥梁，受到了双方的一致欢迎和好评。

四、职业生涯规划大赛

职业生涯规划大赛（图3-40）是学院招生就业创业指导中心于2013年开办，比赛依托职业生涯规划课程教学而展开，比赛采用学部初赛、学院决赛2级赛制，要求全院大一学生必须参赛，鼓励大二、大三、大四学生参与，至今已成功举办5届。

图3-40　学院持续举办职业生涯规划大赛

职业生涯规划大赛旨在帮助学生尽早树立职业生涯规划意识，引导广大学生以科学的态度和方法规划自身职业生涯，变"被动就业"为"主动择业"，主要分为职业规划书制作、PPT阐述和评委问答3个环节。2013年至今累计有超过7500余名的学生参与其中，为促进学院大学生就业做出了积极贡献。

案例：

畅通毕业生就业之路

——湖南农业大学东方科技学院就业工作侧记①

就业是民生之本。自创办伊始，湖南农业大学东方科技学院坚持按照"观念转变是前提，平台搭建是依托，全程指导是重点，三个到位是保障"的就业工作思路，千方百计做好毕业生就业工作，毕业生就业率连年保持在90%以上，2009年被评为"湖南省普通高校毕业生就业工作优秀单位"，10年来走出了一条通畅的毕业生就业之路。

全方位的就业指导

常言道：观念一变天地宽。实践证明，学生就业观对其就业影响是至关重要的。学院为帮助学生树立正确的就业观念，坚持从"观念教育提前抓、就业指导全程抓、创业引导重点抓"3方面开展全方位的就业指导。

观念教育提前抓。学院针对学生特点，建设了一支具有职业指导、心理学、教育学等学科背景的经验丰富的就业指导教师队伍，从新生入校开始就对学生进行职业规划教育，针对大学生职业生涯规划、就业应试技巧以及国家和地方政府的就业政策等开设讲座和指导课，每学年为

---

① 中国教育报. 畅通毕业生就业之路：湖南农业大学东方科技学院就业工作侧记［N］. 中国教育报，2012－07－25（4）.

学生开设各类就业指导课 100 余场。

就业指导全程抓。以全程化、系统化的就业指导课程教学为切入点，引导学生树立正确的择业观，并进而转变观念；建立定期的、规范的专业导学制度，引导学生正确认识自己的专业、职业与学业，为学生转变择就业观念奠定基础；在学生实习阶段，充分调动与发挥实习导师在转变学生择就业观念上的积极作用。

创业引导重点抓。为鼓励大学生积极创业，树立就业创业理念，学院重点推进大学生创业教育，以创业带动就业。学院就业指导中心经常邀请创业成功人士和自主创业的校友来学院办讲座，开设创业培训班和知识报告会，对有创业意向的学生，学院积极支持，提供项目选择、技能培训、专家指导、法律援助等公益性服务，激发学生的创业热情，拓展毕业生的创业渠道，大大促进了创业团队的发展。到目前为止，一共有 578 人拿到 GYB（产生你的企业想法）培训证，238 人拿到 SYB（创办你的企业）培训证。"第二届湖南大学生创业之星"——2007 级邓放，获得湖南省第四届"挑战杯"大学生创业计划竞赛金奖、第七届"挑战杯"中国大学生创业计划竞赛决赛获得铜奖；曾为正达（中国）投资有限公司长株潭地区农业技术推广员、世界 500 强——德国拜耳作物科学中国公司湖南区农业技术推广员，如今他的创业正蒸蒸日上。

通畅的就业"绿色渠道"

"东方名企行"，走出去。自学院 2006 年首届毕业生以来，学院就组织就业工作人员，先后走访了三一重工、中联重科、正邦集团等企业 500 余家，与这些企业建立了良好的合作关系。学院定期开展"东方名企行"活动，每年组织一部分学生去知名企业进行参观学习、顶岗实习，既能使学生对企业的管理和运作有一定的了解，又便于企业优先选择聘用学院的优秀毕业生。学院每年通过在企业实习后直接被企业聘用的毕业生近千人。

"名企东方行"，请进来。学院每年不定期地邀请知名企业举办专场招聘会、宣讲会和邀请知名专家、企业的负责人、创业成功人士来学院为毕业生举办就业辅导讲座，通过"名企东方行"的各类讲座，大大强化了学生的就业素质。

供需"双选"，"无缝对接"。学院自2006年以来，先后与120余家企业签订协议，建立就业实习基地、创业孵化基地，实现了学校与企业的"无缝对接"。企业每年累计提供实习岗位2000多个，实现了学校、学生、企业多方共赢。学院还积极与深圳龙岗区人才中心、湖南省大中专毕业生就业中心驻广州办事处等人才中介公司合作，推荐毕业生到深圳、上海、广州、浙江等地的知名企业进行"订单式"培训＋"顶岗实习"，通过"订单式"培训＋"顶岗实习"，企业可以挑选在实习中表现突出的学生直接留在该岗位正式工作，为企业和毕业生的"双向选择"提供了一个切实有效的平台。学院每年都有20%的学生通过"'订单式'培训＋'顶岗实习'"实现直接上岗就业。同时进一步增加"3＋1"培养实训力度，最近正与江西正邦、广东清远佳的美公司初步达成合作意向。

完善的就业服务平台

建立就业信息传送平台。学院开通了就业信息网，建立了就业信息发布专栏，及时更新招聘信息，并开通毕业生手机短信服务平台，设立了学部就业信息员，实现就业信息"点到点"服务。同时对毕业生进行网上就业意向统计，根据分析结果，合理科学地安排就业指导、招聘会、考研辅导等，给学生提供多种服务。

构建全员参与平台。坚持"一带十"工程，既每位教职员工最少指导10名左右毕业生，通过电话、网络、谈心等方式了解毕业生的就业情况，并其状况进行指导分析，更好地帮助毕业生就业，同时有能力或社会资源的老师还可以提供就业岗位，推荐毕业生就业。

建立就业困难帮扶平台。学院建立贫困毕业生档案，仅2011年年底就全额资助12名贫困生赴长三角、珠三角求职应聘，已有4人在广东正式上班、6人被公司录用、2人正等待公司回复；统一派车组织学生参加各种大中型招聘会；2012年免费对55名贫困生发放"大学生就业一卡通"，使他们一年内能享受在全国16个大中城市人才服务中心免费求职与档案管理服务。

建立各类考试辅导平台。学院以"考研经验交流会、考研免费培训班、考研复试技巧讲座、考研专题讲座"方式搭建考研学生交流、互动和复习平台，调动了同学们的考研积极性，2011届毕业生考研录取人数达315人。截至6月1日，学院2012届毕业生考研录取人数达335人。其中，有的班级考研录取率达到43%。学院加大公务员考试辅导与指导，2010年，学院毕业生参加"农村义务教师特岗计划""三支一扶"和"西部计划"40人，考取公务员、选调生16人。2011年学生基层就业人数达116人，考录公务员25人、选调生34人、村官70人等。为了增强学生的就业竞争力，学院开设了189种素质拓展项目，免费为学生进行各类职业资格证书培训等培训工作，近几届毕业生中有82%的学生取得了各种从业资格证书，他们凭着这些证书在求职竞聘中增添了有力砝码。

第六节　谁不说咱"东方·行"

十六年来，随着学院创新创业活动教育、社会实践活动教育、公益实践活动教育、就业实训活动教育4大实践育人工程的深入推进，一批批优秀学子脱颖而出，一个个优秀项目接续诞生，一项项优秀成果接踵而至，学生综合素质和实践能力得到了用人单位的广泛认可，相关工作受到了主管部门、兄弟高校的高度肯定和一致好评并产生了广泛的社会影响，取得了显著成效。概括为一句话，谁不说咱东方"行"。

一、从7篇国家级报道谈起

2012年7月16日，《中国教育报》以"科创屡创佳绩，三本质量突飞猛进——记湖南农业大学东方科技学院科技创新教育"为题，对学院开展第二课堂科技创新教育的经验做法给予了综合报道（图3－41）。

图3－41

2012 年 7 月 25 日，《中国教育报》以"畅通毕业生就业之路——湖南农业大学东方科技学院就业工作侧记"为题，详细报道了学院就业工作的特色做法（图 3 - 42）。

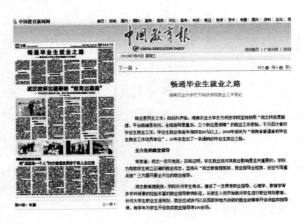

图 3 - 42

2012 年 8 月 27 日，《中国教育报》头版专题报道了学院组织开展的"失依儿童"关爱行动（图 3 - 43）。

图 3 - 43

2013 年 12 月 11 日，《中国青年报》以"梦想，一个也不能少"为题报道了学院赴岳阳平江开展的三下乡社会实践活动（图 3 – 44）。

图 3 – 44

2016 年 5 月，《中国教育报》《中国青年报》分别以"装满爱的 40 万个空瓶子"（图 3 – 45）和"40 万个瓶子，收集着大学生对留守儿童的帮扶"（图 3 – 46）为题对学院开展留守儿童关爱的典型实践给予了宣传。

图 3 – 45

图 3 – 46

2017 年 11 月 28 日，《中国青年报》以"生活中的痛点多是创业的机会"为题，对学院罗原同学和其团队参与创新创业实践的成功案例给予了报道（图 3 – 47）。

图 3 – 47

案例：

科创屡获佳绩 三本质量突飞猛进

——记湖南农业大学东方科技学院科技创新教育①

说到三本院校，大家都认为主要注重应用型人才的培养，可谁曾想到三本学生的科技创新有如此强的实力。

作为湖南省独立学院的突出代表，湖南农业大学东方科技学院在近几年的国家级、省级科创比赛中屡屡获得佳绩，有些成绩甚至突破了众多二本高校。2009 年，该院师生的《世博会食品安全之 LAMP 发黄曲霉素真菌检测试剂盒的研发》等 2 个作品在全国第十一届"挑战杯"（航空航天）大学生课外学术科技作品竞赛世博会专项竞赛中分获一、二等奖。这仅是其中之一小部分。

从"打酱油"到"拿大奖"

"大一的时候，空闲时间少，就想反正没事，就混在实验室'打酱油'，洗洗瓶子、混混日子。"现在这个充满自信的女生丁婧，已不再是当年那个懵懂、迷茫、面对自己的专业不知所以的新生了。"打酱油"的想法是很多学生普遍的盲从态度，但是被创新实验室罗超老师识破了。他年纪不大、个子不高、一副眼镜，最开始还被丁婧一帮人认为是同在做实验的学长呢。他引导这群弟弟妹妹如何查资料，如何去从国内外的研究成果找到可以借鉴的资料，如何为自己的研究找参考；等等，然后通过集体讨论，最后进行实验操作。为了取得更好的实验效果，罗超带着大家与南京农业大学、中科院蛋白质研究所等实验条件好的学校一起合作研究，并对复杂的数据进行分析……就是这样，一步一

---

① 王慧珍，杨琳. 科创屡获佳绩　三本质量突飞猛进——记湖南农业大学东方科技学院科技创新教育［N］. 中国教育报，2012－07－16.

步，从头脑简单到思维缜密，他们在实验室中成长着，快乐着也收获着，湖南省第九届"挑战杯"二等奖、三等奖、全国第十二届"挑战杯"二等奖等突破性的成绩，正是这一团队取得的。

赛道上的机器人梦想

留意过 2011 年中央电视台少儿频道品牌赛事节目"亚太大学生机器人大赛国内选拔活动"的人可能注意到，湖南农业大学东方科技学院作为湖南省的唯一一所独立学院与国防科技大学等高校一起参加了比赛，并靠实力挤入全国 32 强。2007 级机制专业的杨洋同学连续参加了 3 届比赛。"投入进去乐趣无穷"，"很锻炼人"，连带队的"门外汉"辅导员，在赛前的几天都能感觉这个团队的特殊耐力，"为了测试可以不睡觉，为了找到摩擦力更好的轮子，几乎跑遍了半个北京城"。就是这些学生带着执着的梦想一次次调整，一次次经历失败，才有了现在的成绩。在这之前，带他们入门的学长设计的"盲人导向车"曾获省大学生科创奖，还有很多毕业生由于动手能力强、思维缜密、科研能力强都在中联重科、三一重工等湖南重点企业工作。

数学王国的奔跑者

数学，是很多学生都望而却步的一门课程，进入三本院校的学生有很多也是被数学这门课程拖了后腿，而在"东方"，很多同学把数学变成了一门充满挑战、乐趣的活动，快乐前行。据悉，该院学生陈杰在今年 4 月份举行的第三届全国大学生数学竞赛决赛中获得一等奖，此次竞赛，湖南省仅有 2 所高校获得非数学专业类一等奖。之前的 2010 年，该院学生曾在全国大学生数学建模竞赛中获得二等奖，在第二届全国大学生数学竞赛中获得湖南赛区一等奖。这些源于数学教研室老师们在数学兴趣培养与教学方式改革取得的成效。根据三本学生底子薄、基础差的特点，数学教研室在周铁军教授组织下多次开展针对性教学研讨、师生座谈、集体听课等活动，一边摸准学生的状态，一边调整教学模式。

"启发式、引导式、答疑式的课堂教学与课后辅导远远比填鸭式、灌输式的效果好，从而能解决学生对数学的'畏惧'情绪"，逐渐把学生带出学习的困境，让学生找到乐趣，更有学生从中脱颖而出，成为其中的佼佼者。

从"三本"学习迈入"名校"实习

2009级动植物检疫1班的欧阳同学，前几天赶往浙江大学农业与生物科学技术学院昆虫研究所参加实习，这是该所是第一次接收异地三本本科生参加实习，也是湖南农业大学东方科技学院第一次有学生走入"名门"参加实习。通过电话联系到欧阳同学问她是否有人介绍时，她激动的心情还没平复。"我当时没有想到他们会接收我，我是在网上查的信息，咨询时问我是否考研，我说考研，那边让把成绩单和综合表现等寄过去看一下，结果就说我可以去，真是个难得的机会，真的谢谢他们，"同时欧阳表达了自己对东方科技学院特别的感情，"要不是老师的引导、学长的带动，我可能也不会很投入专业学习，并有考研的想法。"动植物检疫专业的考研率高达30%多。不可否认，是拼搏奋斗的氛围带动着大家一起做科研、一起去考研。

这些尚仅仅是该校学生在科研创新方面的一个缩影，看以下这组数据，就更可以了解院训"励能笃行 知新致远"，在这看似简单的院训中，包含了多少管理者的思考、教师的耕耘、学生的勤勉。2008年，该学院36人参赛19人获奖，获得省级奖励9个；2009年，98人参赛76人获奖，获得国家级奖励3个，省级奖励24个；2010年，128人参赛95人获奖，获得国家级奖励3个，省级奖励35个；2011年，147人参赛，118人获奖，获得国家级奖励5项，省级奖励36项。

这些虽然已经成为过去，但却鞭策着东方科技学院这所独立学院更行更远。至此，我们也仅看到湖南省独立学院教学质量发展的一个缩影，我们有理由相信全省15所独立学院将乘着"十二五"的春风，在全国民办教育全面改革、提升质量的大潮中坚持以提高学生能力、拓展学生素质、不断提升教育教学质量，为社会培养更多的应用型、研究创新型人才。

二、接踵而来的突破性奖励

2009 年，学院王文堂、林源、盛夏冰、喻凯等同学的创新项目《世博会食品安全之 LAMP 发黄曲霉素真菌检测试剂盒的研发》获得全国第十一届"挑战杯"（航空航天）大学生课外学术科技作品竞赛世博会专项竞赛一等奖（图 3 - 48），掀起了全院师生参与创新创业的高潮。

图 3 - 48

2010 年，学院邓放、李红辉、刘新宇等同学的创业项目《长沙市薯光农业科技有限公司》荣获第四届"挑战杯"湖南省大学生创业计划竞赛一等奖、第七届"挑战杯"（一汽大众）中国大学生创业计划竞赛铜奖（图 3 - 49）；此外，学院学生还相继取得全国大学生数学建模竞赛湖南赛区一等奖、全国大学生数学建模竞赛湖南赛区一等奖、全国软件专业人才设计与开发大赛湖南赛区一等奖等突破性荣誉。

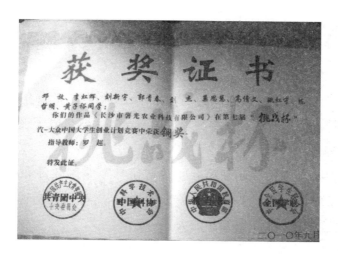

图 3 - 49

2011 年，学院学生实现了第十二届全国"挑战杯"大学生课外学术科技作品竞赛二等奖（图 3 - 50）、第九届"挑战杯"湖南省大学生课外学术科技作品竞赛一等奖、全国大学生电子设计竞赛湖南赛区一等奖、第七届全国大学生"用友杯"沙盘模拟经营大赛湖南赛区中一等

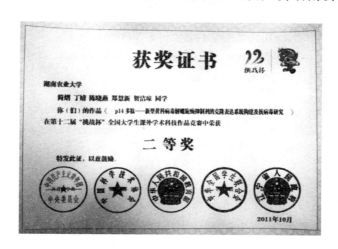

图 3 - 50

奖等诸多突破。

2012 年，学院陈杰同学获得第三届全国大学生数学竞赛一等奖，创全省独立学院最好成绩。

2013 年，学院学生又获得了第九届全国大学生"用友杯"沙盘模拟经营大赛湖南省总决赛一等奖、湖南省全国大学生电子设计竞赛湖南赛区一等奖。

2014 年，学院学生斩获第五届"蓝桥杯"全国软件和信息技术专业人才大赛湖南赛区 C/C＋＋程序设计大赛一等奖、湖南省第四届高等学校大学生"中纬杯"测绘技能大赛一等奖。

2015 年，学院学生先后获得第五届全国大学生电子商务"创新、创意及创业"全国总决赛一等奖（图 3-51）、第六届"外研社杯"全国英语演讲大赛湖南赛区一等奖。

图 3-51

2016 年，学院学生相继取得湖南省第二届"互联网＋"大学生创新创业大赛一等奖（图 3-52）、中国大学生服务外包创新创业大赛一等奖、第六届 POCIB 全国大学生外贸从业能力竞赛特等奖等奖励。

图 3 – 52

2017 年，学院学生又实现了全国高校商业精英挑战赛"敏学杯"首届跨境电商创新实践大赛全国总决赛一等奖（图 3 – 53），第五届全国大学生水利创新设计大赛二等奖的突破。

图 3 – 53

案例：

生活中的痛点多是创业的机会①

　　网站签约作家、擅长玄幻小说的罗原，在经历高考走进湖南农业大学东方科技学院后最为开心的是：4年中应该有大把时间来写小说了。然而，学校明星创业计划把他卷入了一个漩涡。

　　每周一次的讲坛让所有学子都或主动或被动地聆听着创业大咖们的"唠叨"。出人意料的是，很多像罗原这样的学生被触动了。"听到这些成功的分享肯定很激动，但最重要的是，有人给了我们方向——生活中的痛点，多是创业的机会。"

　　来自湖南湘潭市的罗原迅速将目光聚集到了他熟悉的领域——从工业时代到信息时代，工厂定期对设备进行检查，但一些大型企业的管理系统有问题，这些企业多是通过调度室发现问题，再通知相关车间，一个小事故至少要在发生了1个小时后才被发现，等到检修时，造成的损失已经很大。而这与工业4.0时代的要求是不符合的。

　　罗原学习的是计算机专业，他开始设计一个新的设备管理信息化系统，试图通过人的五感（视、听、嗅、味、触）或者借助工具、仪器，按照预先设定的周期和方法，对设备上的规定部位进行有无异常的预防性周密检查。

　　入校仅仅几个月，他开始游说高年级的学长加入他的梦想，开发一种基于手机App的设备点检网络化软件，实现将智能手机与设备管理服务器相关联，通过扫描二维码实现现场设备点检、隐患记录、设备信息查询、设备状态报警自动推送等功能。不久，他们开始在华菱集团的湘钢动力厂和另一家企业瑞泰科技进行试点。

---

　　① 李苗. 生活中的痛点多是创业的机会［N］. 中国青年报，2017－11－28（10）.

激情满怀的学子们很快发现自己的梦想也遭遇了痛点。问题并不只是信息传输慢，还有漏检的情况，甚至问题汇报了也无人知道。后来又发现百度地图定位也有不准的时候，工人去了找不到位置。这让团队人员无比惆怅。

此时，另一个迷茫的同学加入了团队。来自湖南岳阳市的胡全自称是被家人逼着读计算机的。进入大学后，看到很多同学纷纷加入社团活动，他则选择进入了实验室里"宅学"，在孤独中收获技术的进步。他找到了计步的方式，解决了百度地图在工厂内不太精准的问题。大伙儿通过在瑞泰科技的试点，成功将 GPS、二维码技术结合在一起，实现了精准定位，也解决了手机在线测温测振的一系列技术难关。

与罗原同班的肖智丹开始留意到这个团队。同样是被家人用美好就业前景劝学计算机专业的他，也同样带着"一颗迷茫的心"走进了实验室。他常常到学院的论坛去倾听创业的感受，并开始参加各类比赛。他最初的作品是基于 VR（虚拟现实）的消防学习系统。

在校内大学生科技节上看到这一作品后，罗原想到点检系统很多应用于钢厂，VR 可以让点检人员在火灾中逃生自救，于是发出了加盟的邀请。

2016 年 3 月，12 个学生筹资 200 万元带着自己发明的点检系统成立了湖南自信智能科技有限公司。这一智能手机 App 的设备点检系统当年荣获湖南省电子创新大赛二等奖、"创青春 App 专项赛"全国铜奖、第七届中国服务外包创新创业大赛全国一等奖。

2016 年 10 月，该公司成功在湖南股权交易所挂牌。目前已经有 7 家企业在应用他们的技术系统。

虽然事业有了初步的成就，但所有创业者却坦言真正的收获不是来自公司的发展。自诩为"技术型人才不擅文书"的胡全在创业中发现了自己知识的不足，目前主攻 java 语言。而肖智丹则潜心 AI 和大数据挖掘。2013 级的郭娜慢慢发现自己对计算机不感兴趣，改到湖南大学攻读金融专业研究生。2014 级的蒋伍洋则去了金蝶软件做工程师，享受优厚的薪俸。

罗原说，大伙发现创业最大的好处是了解自己的兴趣所在，在这个过程中了解到自己技术的不足，并进行专项技能的提升和补足。

湖南农业大学东方科技学院副院长刘湘辉对此十分认同。他告诉记者，该独立学院有 6000 多学生，在学校的制度激励下，3 年中有 2000 多学生的 173 项作品参加了院校省级大赛。"这些项目多是学生自己的发明，而不是靠老师带着去拿奖。"虽然很多项目未能成为工业产品，但这三年却有 786 名学生因此考上了研究生。

三、不可或缺的主管部门肯定

2009 年，湖南省教育厅授予学院"湖南省普通高校毕业生就业工作（2007—2008 年度）优秀单位"荣誉称号（图 3 – 54）。

2009 年、2017 年，学院团委先后两次获评"湖南省五四红旗团总支"（图 3 – 55）。

图 3 – 54　　　　　　　　　　　　　　　　图 3 – 55

2015 年，学院成为湖南省大学生创新创业联盟首批会员单位，并成为湖南省大学生创新创业示范基地。

2007 年、2009 年、2013 年、2016 年，学院大学生社会实践团队先后 4 次获评，其中 2016 年获评"湖南省大中专学生志愿者暑期'三下乡'社会实践活动优秀服务团队"（图 3 – 56）。

图 3 – 56

2010 年—2018 年，学院连续九年获评长沙市献血工作优秀组织奖。

四、同行间的认可与借鉴

图 3 – 57 学院在中国独立学院协作会
2016 年年会上作典型发言

图 3 – 58 学院在全国独立学院
峰会上作经验介绍

近年来，学院充分利用湖南省普通高等学校毕业生就业促进会年会、湖南省独立学院联席会年会（图3-57）、全国独立学院年度峰会（图3-58）、湖南省大学生创新创业联盟会员大会等契机，围绕创新创业、社会实践、公益服务、就业实训等先后10余次作主题发言，对学院学工战线开展实践育人的整体思路、特色做法和具体成效进行了全方位地推介和宣传，得到了全省、全国兄弟院校的广泛认可。

图3-59　兄弟院校来校交流　　　　图3-60　兄弟院校来校交流

　　据不完全统计，从2010年至今，先后有河南大学民生学院、广西大学行健文理学院、广东电子科大学中山学院、广西科技大学鹿山学院、扬州大学广陵学院、湖南师大树达学院、长沙理工大学城南学院等20多所兄弟院校来校交流（图3-59），充分分享和广泛借鉴学院实践育人的做法和经验（图3-60）。